EL CEREBRO OPTIMISTA

Dr. Mikel Alonso

El cerebro optimista

Descubre que el mundo es mejor de lo que pensabas gracias a la neurociencia

URANO

Argentina – Chile – Colombia – España
Estados Unidos – México – Perú – Uruguay

1.ª edición Marzo 2023

Plaza de los Reyes Magos, 8, piso 1.º C y D – 28007 Madrid
www.edicionesurano.com

ISBN: 978-84-17694-99-9
E-ISBN: 978-84-19413-84-0
Depósito legal: B-1.154-2023

Fotocomposición: Ediciones Urano, S.A.U.
Impreso por: Rotativas de Estella – Polígono Industrial San Miguel Parcelas E7-E8
31132 Villatuerta (Navarra)

Impreso en España – *Printed in Spain*

A mi familia y amigos, especialmente a Tania, Iñigo y Asier.

A Jon, Ane y Nahia, a quienes a veces enseño
y otras, de ellos aprendo.
Recordad siempre que, con aprendizaje,
valentía y esfuerzo, podréis conseguir
cualquier cosa que os propongáis.
CUALQUIER COSA, en mayúsculas.
Huid de quien os diga lo contrario.

Fracasad a lo grande, sin miedo.
Así serán también vuestros éxitos.

Índice

PARTE 3
TU CAJA DE HERRAMIENTAS

Prólogo

Mikel Alonso es directo: «A tu cerebro no le importa que seas feliz... él está ahí para que sobrevivas y procrees». Por eso nos cuenta cómo funciona nuestro cerebro y cómo cambiar su forma interna para que seas más feliz.

Mikel nos habla de hábitos y creencias, para que trabajes profundamente algo vital: tu autoconocimiento. Coincido con el autor en que no hay excusas para transformarnos, evolucionar y crecer: la plasticidad es la principal característica de nuestro cerebro. ¡Hasta somos capaces de cambiar nuestros propios genes! Se trata de la epigenética.

Sin embargo, nuestro sistema de creencias nos limita. Siempre me sirvió poner el foco en la parte positiva de todo. Ese «recableado» renueva nuestro cerebro. Es necesario reeducarlo para que deje de dramatizar, juzgar o boicotear algo de lo que sabe demasiado.

Este libro te ayudará a decidir qué es o no importante en tu vida y a reevaluar las creencias que te limitan. La clave del cambio que necesitas es planificar objetivos con pasos que han de convertirse en hábitos que ayuden a romper esas creencias que nos limitan.

Desde la psicología queda demostrado que la capacidad de adaptación del ser humano es ilimitada y se puede producir a cualquier edad y ante cualquier circunstancia. Lo bueno es que a medida que vamos cumpliendo años y leyendo libros como el que tienes en tus manos, nos vamos sintiendo más libres, empoderados y satisfechos con nuestra vida.

Sociabilidad, metas, vivir el presente, generosidad y amor en todas sus formas, son algunas de las propuestas del autor. También menciona sonreír, hacer ejercicio, la naturaleza, el descanso, la música, el baile, hacer el amor, como predictores de felicidad.

Mikel nos anima a simplificar, a tomárnoslo todo con sentido del humor y optimismo, y a mantener una buena calidad de nuestros pensamientos (que, como diría Marco Aurelio, estará relacionada con la calidad de nuestra vida).

Además, nuestro cerebro dispone de unos grandes aliados en la búsqueda de la felicidad: los neurotransmisores. Soy también fiel defensora de que hagamos cosas que aumenten esas sustancias químicas relacionadas con el placer, que nos ayudan a lidiar con los pensamientos y emociones negativas.

Están vinculados al optimismo y, cuanto más frecuentemente los segreguemos (haciendo deporte, estando en contacto con la naturaleza, con la gente que queremos, disfrutando del arte...) mayores dosis obtendremos y con mayor facilidad.

Con ayuda de breves fábulas, ejercicios, y de una serie de preguntas que todos hemos de hacernos en algún momento, Mikel convierte este estudio de nuestro cerebro en un libro práctico para saber dónde estamos, dónde queremos estar y, lo más importante, si vamos a plantearnos realizar ese cambio tan vital como necesario pero que quizá nos aterra.

Lo que importa es saber que la vida es cambio y atreverse, aunque nos dé miedo, vértigo o pereza, porque la mente manda y quien lleva sus riendas eres tú.

IRENE VILLA GONZÁLEZ
Periodista, escritora, psicóloga,
conferenciante y practicante de esquí alpino.

Prefacio

Durante mi infancia y mi etapa adulta temprana tuve muchos proyectos. Quise ser, en primer lugar, jugador de fútbol profesional, y después de tenis. Pero mentalmente me ponía trabas para fracasar en el camino. Me rendía rápidamente ante cualquier obstáculo. En mi primera carrera universitaria, informática, tuve grandísimas ideas que luego otros hicieron realidad. Yo no me atreví a poner en práctica ninguna.

Después de estudiar el cerebro con ímpetu durante muchas décadas, observé que no aplicaba en mi vida los descubrimientos de la neurociencia. Era un ejemplo perfecto del refrán «en casa de herrero, cuchillo de palo»: tenía sueños y afanes que quería acometer, al igual que en etapas anteriores de mi vida, pero yo mismo me ponía palos en las ruedas continuamente y boicoteaba cualquier posibilidad por el miedo a salir de mi zona de confort.

Pero hace 3 años opté por cambiar radicalmente mi vida. Decidí dejar atrás las culpas que había atribuido a mis padres, al entorno familiar, al lugar en el que crecí, a los valores inculcados, y un montón de excusas externas más. No era un buen momento, ni mucho menos, dado que acababa de nacer mi tercera hija, y en absoluto disfrutaba de una situación económica holgada después de una vida dedicada a la investigación y la universidad (mis colegas profesores asociados saben a qué me refiero). Pero, aun así, elegí qué valores y qué personalidad me iban a definir a partir de ese momento. Esos atributos son los que guían actualmente mi forma de ser. Aquellas personas que solo trataron conmigo antes conocen una versión antigua de mí, no quién soy ahora.

Esta decisión sería calificada como una completa temeridad a los ojos de casi cualquier observador. Con 3 hijos y prácticamente sin ahorros, lanzarme a aplicar la neurociencia del comportamiento humano a una sociedad que, en esta área de conocimiento precisa de una gran labor pedagógica, parecía una locura. No me importó. Estaba convencido de que iba a convertirme en la persona que había elegido ser. Quería ayudar a otros a utilizar su cerebro para ser felices. En el deporte, en la empresa o en la vida real cotidiana, en los retos diarios.

A tu cerebro no le importa que seas feliz... él está ahí para que sobrevivas y procrees. No sé en qué momento determinado comenzamos a preocuparnos más de ser felices que de sobrevivir. Prefiero dejar ese aspecto a eruditos en esta línea de investigación, como Yuval Noah Harari. Pero tú y yo seguimos teniendo los mecanismos evolutivos de supervivencia propios de nuestros ancestros. Este es un manual para ayudarte a utilizar de forma apropiada estos mecanismos.

El libro comienza con una breve introducción, en la que se expone qué es la felicidad para la ciencia y algunas consideraciones sobre la misma, y después se divide en tres partes.

La primera parte está centrada en el conocimiento del cerebro, para que comprendas las estructuras del mismo. Desde ya te pido perdón por ser tan osado como para pretender exponer cómo funciona el cerebro, y me gustaría destacar que he simplificado su funcionamiento en varias ocasiones, fusionando anatomía y función. La neurociencia moderna ha demostrado que estudiar las estructuras físicas y su localización no refleja con precisión las funciones que realiza el cerebro. Las tareas no residen exclusivamente en ciertas zonas. Pero necesitamos un modelo funcional que sea coherente con la ciencia y no niegue la realidad biológica. El objetivo de esta simplificación es que comprendas cómo trabaja el cerebro, asimiles mejor la información y apliques de la forma apropiada las técnicas propuestas. Se publican cada día en el mundo entre 500 y 1.000 artículos científicos sobre el cerebro, y los investigadores somos conscientes de que vamos a tener que comprender la física cuántica para explicarlo en profundidad, lo cual complica aún más la misión. Pero existen muchas cosas que ya sabemos, y que te van a servir en tu proyecto de felicidad.

En la segunda parte del libro te mostraré cómo cambiar de forma interna para que seas más feliz. Hablaremos de tus hábitos y creencias, y trabajarás profundamente en tu autoconocimiento. Es importante el concepto de «de forma interna», porque la felicidad debe tener un control personal, nacer dentro de ti. No puedes estar pendiente de que te ocurran cosas externas para ser feliz. Por supuesto que la vida te dará palos, pero también alegrías. Tu felicidad en la vida dependerá de en cuáles de los anteriores centres tu atención.

Finalmente, en la tercera parte te proporcionaré todas las herramientas que van a hacer más sencillo tu camino. Se convertirán en aliadas y terminarás por integrarlas en tu día a día.

Y siempre, siempre, puedes elegir cambiar, ser una persona distinta, modificar tus creencias y pensamientos para implantar hábitos que te lleven a una vida más reconfortante y feliz. Tu cerebro ya está preparado para ello. ¿Te animas?

INTRODUCCIÓN

1

En busca de la felicidad... sin saber lo que es

La vida es lo que te ocurre mientras estás ocupado haciendo otros planes.

JOHN LENNON

En las lejanas tierras del Norte, hace mucho tiempo, vivía un zar famoso por la prosperidad de su reino, pero que enfermó gravemente de tristeza y melancolía. Junto a su lecho, reunió a los mejores médicos de todo el imperio, que le aplicaron aquellos remedios que conocían y otros nuevos que inventaron. Pero lejos de recuperarse, el estado del zar empeoraba más y más. Le hicieron tomar baños calientes y fríos, ingirió jarabes de eucalipto, menta y plantas extrañas traídas de lejanos países. Le aplicaron cremas y bálsamos con los ingredientes más insólitos, pero la salud del zar no mejoraba.

Tal era su desesperación, que prometió regalar la mitad de lo que poseía a quien fuera capaz de curarle.

El anuncio se propagó rápidamente, pues las riquezas del monarca eran cuantiosas. A la llamada acudieron médicos, magos y curanderos de todas partes del mundo para intentar devolver la salud al zar. Todos fracasaron.

Sin embargo, fue un viejo poeta, de paso por la corte, quien aseguró:

—Creo que conozco el remedio, la única medicina para vuestro mal, señor. Solo hay que buscar a un hombre feliz: vestir su camisa es la cura a vuestra enfermedad.

La conmoción fue general y muchos protestaron por la ocurrencia. Pero nadie tenía un remedio mejor. Y así, a la vista del agravamiento sufrido por el zar, partieron emisarios hacia todos los confines de la tierra.

Sin embargo, resultó que encontrar a un hombre feliz no resultaba tarea fácil. Aquel que tenía fama se quejaba de su falta de salud, quien tenía salud echaba en falta el dinero, quien lo poseía, carecía de amor, y quien lo tenía se quejaba de los hijos, del mal tiempo o de lo que fuera.

Todos los entrevistados coincidían en que algo les faltaba para ser totalmente felices, aunque nunca se ponían de acuerdo en aquello que no tenían. Por más satisfechos que debieran sentirse, y no careciendo de nada que los demás envidiaran, se sentían descontentos e infortunados.

Finalmente, una noche, un mensajero llegó al palacio. Habían encontrado al hombre tan intensamente buscado. Se trataba de un humilde campesino que vivía en la zona más árida del reino.

Los soldados del zar habían acertado a pasar casualmente junto a una pequeña choza. Al observar a través de unas viejas y humildes ventanas de madera, sin cristales, se fijaron en un hombre que, tras un día de duro trabajo y rodeado por su numerosa familia, descansaba sentado junto a la lumbre de la chimenea y exclamaba satisfecho:

—¡Qué bella es la vida, hijos! No puedo pedir nada más. ¡Qué feliz soy!

Al enterarse en palacio de que, por fin, habían encontrado a un hombre feliz, se extendió la alegría. En medio de una gran algarabía, comenzaron los preparativos para celebrar la inminente recuperación del zar. El primer ministro ordenó inmediatamente:

—Traed rápidamente la camisa de ese hombre. ¡Ofrecedle a cambio lo que pida!

Grande era la impaciencia de la gente por ver retornar a los emisarios con la camisa que curaría a su rey, mas, cuando por fin llegaron, traían las manos vacías.

—¿Dónde está la camisa del hombre feliz? ¡Es necesario que la vista el zar! —vociferó el ministro.

—Señor —contestaron apenados los mensajeros—, el hombre feliz es tan pobre... que no tiene camisa.

León Tolstoi

El cerebro humano es un órgano fascinante, de una complejidad equiparable a los mayores misterios pendientes de desentrañar por la humanidad, como los secretos del universo o la física cuántica. Su funcionamiento nos ha permitido llevar a cabo hazañas increíbles como llegar a la Luna o construir edificios de casi un kilómetro de altura. Es el encargado de controlar un sinfín de tareas que hacen posible nuestra existencia, como respirar, equilibrar la temperatura corporal o recordarnos que tenemos que comer y descansar. Todas estas actividades funcionan como un reloj, con una precisión digna del principal objetivo que las guía: nuestra supervivencia.

Si tuviéramos que definir las dos tareas más importantes para el cerebro serían, sin duda, la supervivencia del individuo y la transmisión de su código genético. Esta última misión se realiza mediante las relaciones sexuales, y seguramente sea por eso que todo lo que tenga que ver con el sexo capte tan fácilmente nuestra atención. Aunque este tema te parezca interesante y divertido, siento comunicarte que no va a ser el centro de este libro... así que volvamos a la otra función del cerebro, mucho más aburrida sin duda: SOBREVIVIR.

Durante decenas de miles de años la raza humana ha vivido en un entorno tremendamente hostil, en el que la fortaleza física y la convivencia en grupo eran fundamentales para la supervivencia[1]. Gracias a la evolución, el cerebro humano ha ido desarrollando mecanismos para conseguir eficacia en su tarea de mantenernos con vida. Aquellos pequeños cambios aleatorios que conseguían adaptarnos a los entornos difíciles lograban que sus portadores vivieran más y se reprodujeran, y finalmente acababan incorporándose a la raza humana. Sin duda, somos los descendientes de nuestros ancestros más cautelosos, aquellos que procuraban no enfrentarse a animales más fuertes ni saltaban desde alturas peligrosas. Aun así, durante la mayor parte de la historia de la humanidad, la esperanza media de vida ha rondado alrededor de los treinta años.

A comienzos del siglo XX, gracias a las reformas y la generalización de la sanidad y la higiene en la sociedad en general, la esperanza de vida comenzó a aumentar. Esto, que sin duda es una buena noticia, ha pillado desprevenidos a nuestros cerebros, preparados para que no te coma un leopardo por la noche, pero no para lidiar con los *bullers* de tu instituto, la crisis de la mediana edad, la adolescencia de tus hijos o

1. Harari, Y. N. (2014).

la depresión de después de la jubilación. Los que hemos tenido la suerte de vivir en estas maravillosas fechas disponemos de un cerebro enfocado en alargar nuestra vida y tenemos un nuevo objetivo que cumplir: intentar ser lo más felices posible.

Pero... ¿qué es eso de la felicidad?

En 1972 el rey de Bután, Jigme Singye Wangchuck, propuso un término diferenciado del producto interno bruto (PIB), la felicidad nacional bruta (FNB), en el que se incluían las necesidades espirituales, materiales, físicas y sociales de la población. Estoy seguro de que al jefe de la tribu de nuestros antepasados que convivía con grandes depredadores en la sabana africana no se le ocurrió en su momento.

La ciencia ha estudiado el concepto de felicidad intensamente y desde diversos puntos de vista: neurocientífico, genético, psicológico... Aunque resulte muy apetitoso abrazar el punto de vista genético, dado que así podemos culpar a nuestros padres y abuelos de nuestra falta de felicidad, la realidad es que actualmente tiene un peso muy reducido en lo relativo a su importancia en el cómputo total de nuestra satisfacción vital. Si algo caracteriza a nuestro cerebro es la plasticidad, es decir, la capacidad para cambiar. Incluso, como veremos más adelante, somos capaces de cambiar nuestros propios genes (epigenética).

Distintas investigaciones sobre la felicidad consideran que estos son algunos de sus componentes principales:[2]

- *Cultivar relaciones y amistades.* El contacto con otras personas, principalmente con aquellas que consideramos amigas, influye de forma determinante en el bienestar psicológico. Los países con mayor felicidad son tradicionalmente aquellos cuyos habitantes tienen más relaciones humanas con su entorno. Dinamarca es desde hace muchos años uno de los países con mayor felicidad nacional bruta, y también el que tiene un mayor porcentaje de personas que realizan actividades colectivas, un 92 %, lo que se traduce en una disminución de las personas solas y un aumento de las amistades.
- *Salir de la rutina.* Adquirir nuevas experiencias vitales, observar a personas que piensan distinto, ir a lugares diferentes o salir de la zona de confort. Todas estas actividades suponen un estímulo para el cerebro y comportan un incremento importante de la sensación de felicidad.
- *Tener objetivos vitales.* Trabajar con entusiasmo para alcanzar una meta marcada incrementa las emociones positivas y ahuyenta las negativas. Experimentar el placer a través de las tareas que hacen que perdamos la noción del tiempo. Esta situación surge cuando dedicamos nuestra vida a hacer cosas que nos apasionan.
- *Prestar atención al presente.* Podemos llamarlo meditar, *mindfulness*, o de diversas formas. Pero, como veremos posteriormente en este libro, dejar de divagar sobre el pasado y el futuro y centrar la atención consciente en el presente resulta ser un mecanismo natural del cerebro para procurar felicidad.

---

2. Layous, K. y Lyubomirsky, S. (2014). Veenhoven, R. (2013). Seligman, M. E. (2012). Davidson, R. J. y Schuyler, B. S. (2015). Campos, D., Cebolla, A., Quero, S., Bretón-López, J., Botella, C., Soler, J., Baños, R. M., (2016).

- *Generosidad con los demás.* Ser compasivos y generosos con los demás incrementa el bienestar en todos los ámbitos de la vida. El altruismo activa las regiones cerebrales que provocan placer, y reduce la ansiedad y la depresión. Un estudio de la Escuela de Negocios Harvard[3] observó que donar dinero a otra persona aumenta la felicidad más que gastarlo en uno mismo.
- *Buscar el amor.* Querer a otras personas supone para el ser humano un incremento de emociones positivas como ningún otro. La conclusión a la que llegó uno de los grandes experimentos sociológicos del pasado siglo, que se desarrolló a lo largo de siete décadas, el macroestudio Grant Study, fue literalmente que «la felicidad es el amor, ni más, ni menos». Amor, en todas sus formas.

Otros aspectos que se encuentran en los diversos estudios son: sonreír frecuentemente, realizar actividades al aire libre y en la naturaleza, hacer ejercicio físico, jugar, bailar, hacer el amor, dormir, escuchar música y ser agradecido.

El dinero y la felicidad

Numerosas investigaciones han estudiado la relación entre ambos aspectos. La principal conclusión[4] que se ha obtenido es que un mayor ingreso de dinero mejora la evaluación de la vida y la felicidad. Pero los efectos sobre la percepción del bienestar tienen un límite, y es el que permite liberarse de las preocupaciones básicas. Es decir, si tienes suficiente dinero para poder vivir sin estar constantemente preocupado por sobrevivir, ganar más dinero no te dará la felicidad.

3. Dunn, E. W., Aknin, L. B. y Norton, M. I. (2008).

4. Kahneman, D. y Deaton, A. (2010).

Otra de las conclusiones importantes a las que se ha llegado en estos estudios es que las personas tenemos una línea básica, unos niveles determinados habituales de felicidad. Cuando estos se alteran por algún acontecimiento externo, después de un intervalo de tiempo se vuelve a los niveles previos. Si te toca la lotería o tienes un gran disgusto, trascurrido un tiempo (generalmente unos meses), volverás a tus niveles habituales de felicidad. Aunque siempre te queda la opción de cambiar de forma interna, sin necesidad de ningún estímulo ni acción externa. Esta modificación sí que la puedes prolongar en el tiempo, y lo que hace es, directamente, elevar esa línea básica, que seas más feliz de forma natural, sin que te pase nada, con una mejor actitud vital y una mayor autoestima. Y eso es lo que te enseñaré en este libro.

Según Martin Seligman[5], la felicidad no consiste en estar contento todo el rato, sino en aceptar lo bueno y malo, aprendiendo a reinterpretar lo último. La felicidad se encuentra en el momento presente. No es la ausencia de sufrimiento, es superarlo con resiliencia. No es un resultado o la llegada a un destino. La felicidad incluye flexibilidad para experimentar emociones. No se pueden poner condiciones para obtenerla (cuando tenga dinero, cuando viva solo...) porque su origen no está fuera, es una percepción que se genera dentro de cada uno.

¿Qué es lo que te hará feliz a ti?

¡Menuda pregunta! A medida que vayas leyendo este libro irás encontrando pistas que te indicarán hacia dónde debes ir para conseguirlo. Será fundamental parar a conocerte y aplicar las técnicas y herramientas que te enseñaré, para que tu cerebro no se pase el día pendiente de que aparezca una manada de hienas a la vuelta de la esquina y te devore, lo cual es improbable (a no ser que consideres a algunas de tus

5. Seligman, M. E. (2012).

relaciones actuales incluidas en esa categoría animal, por supuesto). La clave está en utilizar tus estructuras cerebrales, maravillosas a la hora de sobrevivir entre depredadores, adaptándolas al nuevo entorno. La evolución no es tan rápida, así que lo vas a tener que hacer tú. ¿No te parece una maravillosa tarea a la que dedicar tu tiempo?

Vuelvo ahora al cuento de Tolstoi. El zar tenía el problema de que no era feliz, y el viejo poeta le dio la solución. El gran consejo consistía en comprender el significado de llevar la camisa, que no es otro que modelar el comportamiento de una persona realmente feliz.

Pero al estar enfocada aquella sociedad, al igual que hoy día, en las posesiones materiales, estímulos externos y soluciones rápidas, todos comprendieron que, llevando físicamente aquella camisa, el zar sería feliz. La solución tampoco sería, desde luego, que el zar viviera la vida de aquel hombre. La clave está en comprender que existen una serie de comportamientos que nos procuran felicidad en general, pero que la combinación particular, la camisa que procura felicidad a cada persona al llevarla, es única, personal e intransferible. La cuestión es entender cuáles de entre todos esos componentes y alguno más que quizás sean propios de tu persona, configuran tu fórmula de la felicidad.

La inmensa mayoría de las personas no tienen una meta que perseguir, andan por el mundo sin un objetivo que les apasione, oscilando como una hoja en la superficie del mar. Irán allá donde les lleve la corriente. Y su cerebro no va a ponerse a ayudarles de forma automática, pues no está programado para ello.

Cuando arrancas tu ordenador comienzan a ejecutarse una serie de comandos para poder funcionar. Tu cerebro trabaja de la misma forma, tiene una serie de valores y creencias que conforman hábitos y tu forma de juzgar y concebir la realidad. La felicidad que sientes está muy relacionada con estos procesos automáticos, inconscientes, que se producen en tu cerebro sin que te des cuenta.

Yo te propongo cambiar esa programación, modificar ese código que controla tu forma de pensar, y ejecutar las tareas y funciones que te lleven a ser una persona diferente, para así alcanzar tu fórmula personal de la felicidad. Porque…

¿y si tú estuvieras llevando la camisa de otra persona?

PARTE 1

COMPRENDER EL CEREBRO

2

¿Alguien entiende cómo funciona nuestro cerebro?

Si el cerebro fuera tan simple que pudiéramos entenderlo, seríamos tan simples que no lo entenderíamos.

EMERSON W. PUGH

Imagina que te has comprado un coche nuevo, uno realmente especial en el que todo está controlado por un ordenador centralizado, que precisa que todas las cosas funcionen bien o, si no, se para. Es decir, si hubiera algo en el vehículo que dejara de funcionar, se detendría el conjunto de los sistemas hasta que se arreglara. Este coche sería totalmente absurdo, un pequeño fallo en los faros, las ventanillas, los cierres de los cinturones de seguridad, los espejos retrovisores o la radio dejaría inservible el vehículo, que no podría circular. Que la luz interior estuviera fundida afectaría al funcionamiento de las ruedas. ¿Crees que tu cerebro funciona de esta manera? ¡Claro que no!

Descubriendo nuestro cerebro

El cerebro funciona por sistemas especializados en distintas tareas, no dispone de un procesador central[6]. Por ejemplo, no existe un botón de compra[7] que decida lo que queremos adquirir en un supermercado. Es un proceso mucho más complejo.

La evolución se ha desarrollado reorganizando las estructuras que existían previamente[8], asumiendo nuevas funciones cada vez más complejas y renovando los circuitos anteriores, incorporando una mayor complejidad para ampliar sus habilidades. Una de las principales características de nuestro cerebro es su facilidad para cambiar, su plasticidad.

Aunque haya sido el origen de muy buenas películas y libros románticos, no existe ningún duelo en zonas diferentes de nuestro cuerpo entre la razón y la emoción[9]. El corazón realmente no decide nada, ni tampoco siente emociones; este proceso se produce en el cerebro, así como la función de toma de decisiones. Puede que existan diferentes sistemas cerebrales encargados de procesar información de distinta naturaleza, pero emoción y razón utilizan los mismos mecanismos cerebrales. El proceso de toma de decisiones es complejo y precisa de un análisis mucho más detallado, que afrontaremos en el siguiente capítulo de este libro, y que realmente no se puede simplificar mediante el enfrentamiento entre lo que piensas y lo que sientes.

Uno de los mitos más típicos y erróneos sobre nuestro cerebro es que «nuestro carácter se forja en las primeras fases de nuestra vida y ya

---

6. Gazzaniga, M. S. (2019).

7. Bach-y-Rita, P. (1990). Wedeen, V. J., Rosene, D. L., Wang, R., Dai, G., Mortazavi, F., Hagmann, P., *et al.* (2012).

8. Striedter, G. F. (2005).

9. Damasio, A. (2013).

no podemos cambiar» o, en su versión autocomplaciente, «las personas adultas no cambian». Me gustaría que, si te tiene que quedar grabada una idea de este libro, sea la siguiente: SI ALGO DEFINE NUESTRO CEREBRO ES SU GRAN FACILIDAD PARA CAMBIAR; TÚ PUEDES ELEGIR QUIÉN QUIERES SER. No importa tu edad, disponemos de estructuras para lograrlo. Nuestros antepasados tenían que enfrentarse a retos complicados en su entorno hostil, y por ello desarrollaron una gran capacidad de adaptación; por fortuna, tenemos esa función en nuestro set de herramientas cerebrales. De modo que es posible: puedes cambiar y ser una persona feliz.

Funcionamiento del cerebro y las neuronas

A continuación, te voy a exponer algunas características del modo en que funciona tu cerebro. No se trata en absoluto de una visión holística o global. Mi intención es mostrarte solo algunos aspectos de forma teórica, que trataremos en los siguientes capítulos, con el objetivo PRÁCTICO de que cambies para mejorar tu autoestima, tu actitud y tu felicidad. Son solo unos breves apuntes. Espero que estimulen y provoquen tu interés por nuestro auténtico centro de mando, por el origen de todo lo que pensamos y sentimos.

Tu cerebro está constituido por aproximadamente 86 mil millones de células nerviosas, también llamadas neuronas, las cuales se dedican a recibir y transmitir información. Para que te hagas una idea de la cantidad de neuronas que tenemos, se calcula que en una galaxia de tamaño medio existen aproximadamente unos 100 mil millones de estrellas. Es decir, que los seres humanos tienen casi tantas neuronas en su cerebro como estrellas tiene una galaxia. Si este número te parece absurdamente grande, espera a leer lo que sigue. Las neuronas están unidas entre sí mediante sinapsis y cada una de ellas se conecta con otras mil neuronas más, aproximadamente. Esto significa que, en un centímetro cúbico del cerebro humano, existen mil millones de conexiones neuronales. Seguro que te habrás perdido con tantos ceros, no te preocupes, yo también. Lo que importa es que todo lo que hacemos, sentimos, pensamos... comienza ahí, en esas conexiones.

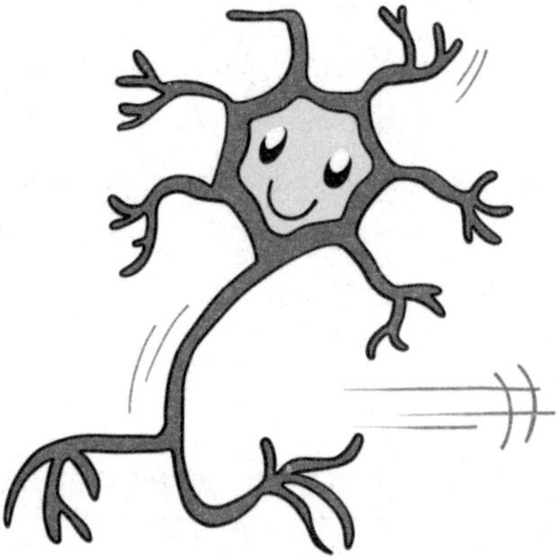

Utilizas el 100 % de tu cerebro, pero no a la vez. Al mismo tiempo solo puedes utilizar el 2 % de las neuronas, unos 17.000 millones. Esta limitación se debe al consumo de energía (nutrientes y oxígeno). El cerebro supone aproximadamente el 2 % del peso de tu cuerpo, pero consume el 20 % del oxígeno y el 25 % de los nutrientes. Es un órgano que gasta muchísimo. Por ello, siempre que puede procura ahorrar. De hecho, se le califica como un vago redomado porque trata de ahorrar energía continuamente. Acuérdate de que su principal objetivo es que sobrevivas, y si gastara muchísimos recursos pondría en peligro tu vida. Por esta razón, un estímulo fuerte (pensamiento o emoción), activa zonas del cerebro de sistemas de procesamiento emocional de emergencia y, como todo no puede funcionar a la vez, desactiva otras responsables de tomar buenas decisiones. Piensas menos y sientes emociones de alarma, así que decides peor.

Cuando nacemos, nuestro cerebro no es un cajón vacío sin ningún espacio diferenciado en su interior, sino que venimos al mundo equipados para crear un campo conceptual de todo lo que nos rodea;

nacemos con unos lugares estructurados y preparados. Estamos programados para conceptualizar, para aprender, para el lenguaje... en definitiva, para imitar.

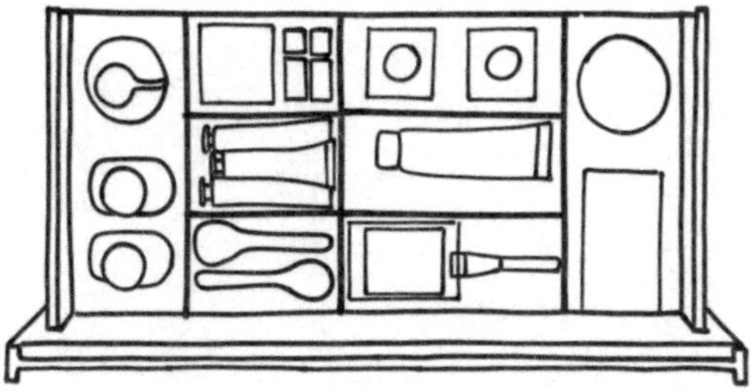

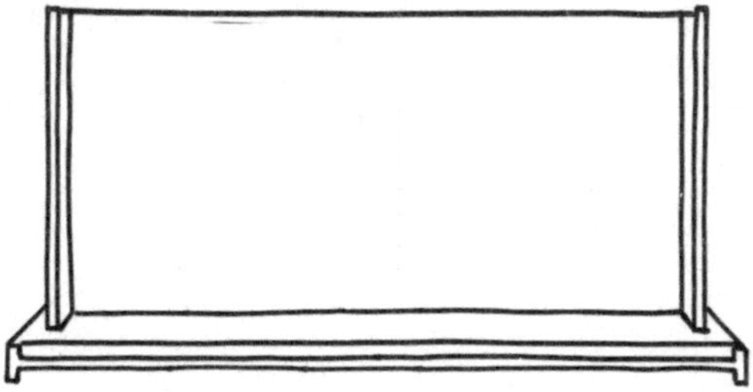

Disponemos de unas neuronas específicas, llamadas neuronas espejo, que provocan que imitemos lo que hacen los demás, especialmente si son personas que nos caen bien y nos gusta lo que dicen. Por ejemplo, si estamos hablando con alguien que nos agrada, tendemos a adoptar de forma inconsciente su misma postura corporal. Incluso acompasamos la respiración o imitamos otras actitudes o acciones, como bostezar o beber si nuestro interlocutor también lo hace. Tu cajón cerebral se va rellenando de juicios acerca de cómo son la vida, el trabajo, las relaciones con tu pareja, tus hijos, compañeros de trabajo...

Pero... ¿y si los demás, las personas que han influido en tu vida, llevaran una vida gris, triste, llena de sacrificios, y aguantando lo insoportable con un discurso pesimista? Gracias a las neuronas espejo, llenaremos el cajón con todo eso. Por fortuna, a nuestro cerebro le encanta aprender, y podemos cambiar el contenido.

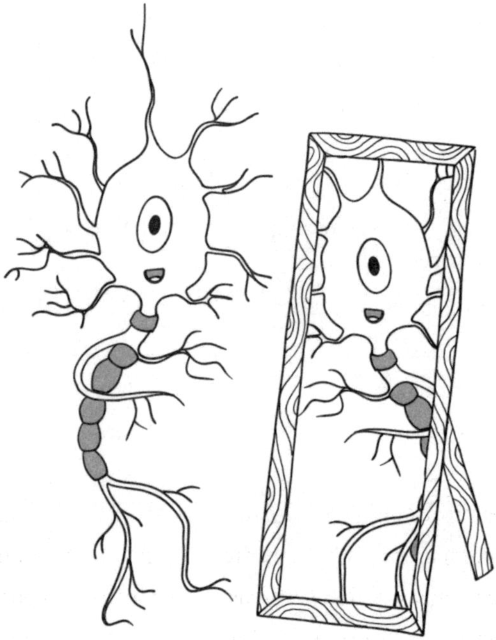

El cerebro está todo el tiempo prediciendo, recogiendo evidencias para poder seleccionar qué opción es la correcta en cada momento; incluso antes de que lo confirmen o desmientan los sentidos. Su función básica es tomar decisiones. De forma automática, realiza una interpretación de la realidad, que está sesgada, puesto que se basa en tus experiencias anteriores y creencias. Tu imaginación cerebral valora continuamente la realidad con estímulos internos y externos[10].

La percepción que tenemos de nuestra forma de comportarnos es que controlamos todo lo que hacemos, lo que decimos, lo que sentimos. Tenemos la sensación de disponer de un sistema centralizado, al estilo de ese vehículo absurdo del que hablábamos al principio. Si así fuera, necesitaríamos la consciencia para tomar todas las decisiones. Pero la realidad es la contraria. Nuestro cerebro es un sistema modular. Está formado por miles de sistemas distintos, muy similar al de un

---

10. Sigman, M. (2017).

coche, pero de los de verdad, y cada uno de ellos se encarga de una tarea determinada.

La mayor parte de las neuronas que tenemos solo se conectan con las que realizan la misma función que ellas, que suelen ser vecinas. Esto hace que las conexiones sean más rápidas y eficientes, y que consuman menos recursos. Estas neuronas forman un grupo, que se llama «comunidad»[11]. Cada comunidad se especializa en la realización de una determinada tarea. Así se crea un módulo. La mayoría de las neuronas únicamente se comunican con las de su comunidad o módulo, pero un número de ellas establecen conexiones con los módulos contiguos, y así crean un circuito neuronal. En este circuito neuronal, un módulo recibe información, la transforma y se la envía a otro que, a su vez, realizará modificaciones en base a la función que ejecuta, y también la compartirá. Te hablaré frecuentemente en el libro de estos circuitos neuronales, y de cómo vas a crear otros nuevos y dejar en desuso algunos que realizan funciones que ya no querrás seguir llevando a cabo.

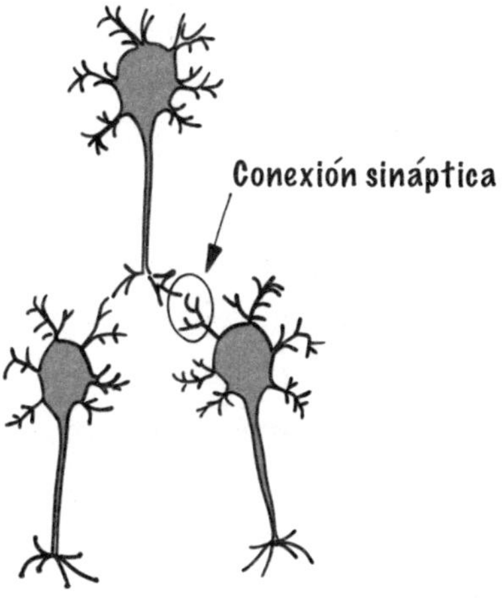

11. Gazzaniga, M. S. (2019).

Los módulos están organizados jerárquicamente. Existen módulos principales que están formados por submódulos, y estos por otros, y así sucesivamente, como en un programa informático.

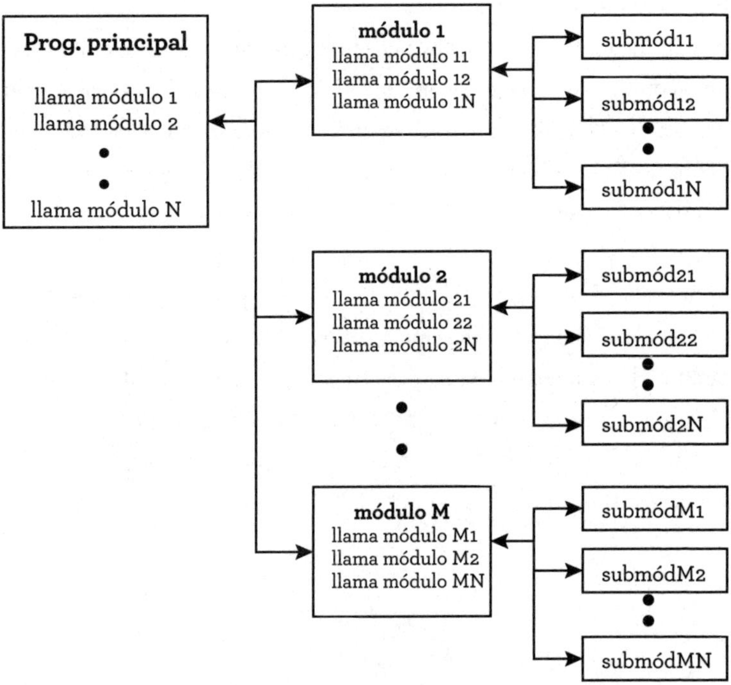

La forma de funcionar de nuestro cerebro se asemeja a los sistemas denominados «arquitectura de mundo pequeño», en los que existe mucha modularidad. Es decir, muchos subsistemas que se dedican a tareas específicas, pero que mantienen algunas conexiones largas que sirven como atajos entre zonas distantes. Así, se requieren pocos pasos para enlazar dos módulos o sistemas distintos de manera aleatoria. De esta forma se consigue reducir las transmisiones eléctricas, que gastan mucha energía. Se conectan mucho entre ellas, entre la propia comunidad, y un poco hacia afuera. Con esta estructura se consigue una eficiencia muy importante para sobrevivir, porque una cuarta parte de tus recursos son devorados por el cerebro.

Un ejemplo de arquitectura de mundo pequeño lo puedes encontrar en las redes sociales. ¿Cómo de alejados estamos unos de otros en ellas? Estás mucho más cerca de lo que crees. Se estima que el número de pasos promedio entre dos personas cualquiera del planeta está sobre los 22 contactos. Puedes hacer la prueba: ¿a cuántos pasos estás del presidente de los Estados Unidos? Si estás conectado a un profesor de tu universidad (1), él también lo está con el rector (2), este conoce al presidente del gobierno de España (3) y él al de los Estados Unidos (4). ¡Estás a cuatro pasos de una de las personas más influyentes del planeta! Empieza ya a mover los hilos. No te olvides de hablarle de mí.

ARQUITECTURA DE MUNDO PEQUEÑO

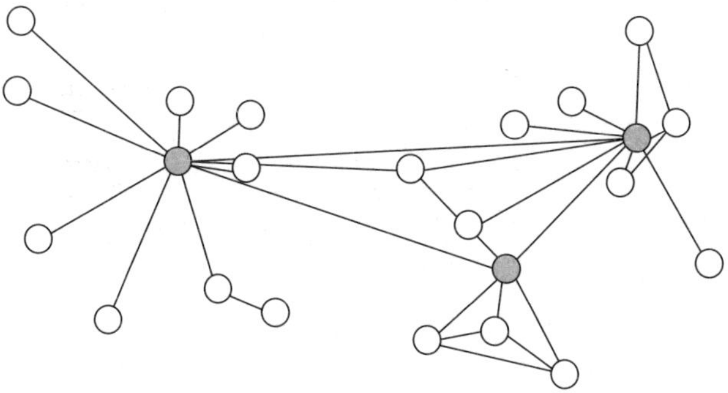

¿Y cómo se organizan los módulos? Cada uno trabaja por separado. El cerebro funciona con «capas de abstracción», lo que significa que unos módulos no se enteran de cómo funcionan los otros; a un sistema le llegan señales de sus subsistemas, para que él realice sus tareas. Imagínate que tu pareja llega a casa con un gran enfado, y te critica de manera injusta. Vas a tener módulos que van a evaluar la situación. Si reaccionas como si te hubieses encontrado con una serpiente de dos metros en tu casa en vez de con tu enojada pareja, se activará el módulo responsable del miedo, que enviará la señal al nivel superior. El módulo superior reacciona activando los mecanismos idóneos para esa situación de miedo, actúa de forma acorde al mensaje, no es reevaluado por un sistema central ni por otro módulo… ¡a no ser que creemos un camino neuronal que expresamente realice esa función! En la segunda parte veremos cómo se lleva a cabo esta tarea, fundamental para cambiar. No te preocupes, tu cerebro sí que está muy bien preparado para ello.

Tu cuerpo se pone nervioso porque un sistema activa la segregación de cortisol, la hormona del estrés, mientras que otro comienza a generar imágenes de tu divorcio y otro más te mostrará una realidad durísima en la que te abandonan sin remedio… todo esto genera una respuesta de más miedo aún, que eleva el nivel de emergencia, y así sucesivamente.

Nuestros módulos cerebrales conducen a un buen funcionamiento general, pero algunos sistemas pueden realizar su tarea de forma errónea o inapropiada y fastidiar el resultado global. En la segunda parte de este libro veremos que algunos de estos módulos cerebrales no están preparados para esta vida que llevamos, pues la evolución de la especie no ha tenido tiempo a eliminarlos o a modificar su actividad. Y, lo más importante, veremos cómo podemos cambiar su forma de funcionar para que nos ayuden en nuestro día a día, en nuestra vida. Para que nuestra actitud y nuestra autoestima mejoren, en vez de empeorar por situaciones como la expuesta.

Volvemos ahora al ejemplo del pelicular coche del que hablábamos al principio del capítulo. El funcionamiento de nuestro cerebro es similar al de muchos sistemas modulares inventados por la humanidad, como los de un avión o un automóvil. Es más, nuestro comportamiento se asemeja mucho a los modernos coches autónomos que no necesitan siquiera que conduzcamos, pues lo hacen ellos solos. En nuestro cerebro coexisten muchísimos módulos, muy diferentes entre sí y, al igual que en el automóvil que no necesita conductor, ni siquiera nos enteramos de la mayoría de tareas que realizan todos los sistemas del mismo; a pesar de que está midiendo continuamente la distancia respecto al resto de vehículos y el arcén, comprobando si llueve para encender los limpiaparabrisas, o calculando la temperatura en el interior para modificarla si no es la que hemos elegido en el climatizador. El coche solo nos avisa cuando considera que ocurre algo importante, como que nos vamos a encontrar con un tramo con mucho tráfico, por si queremos cambiar la ruta, o si una rueda tiene una presión inferior a la adecuada, para que modifiquemos la situación que él no puede arreglar automáticamente.

Del mismo modo, nuestro cerebro funciona sin que nos enteremos, de manera inconsciente, hasta que necesita que tomemos el control conscientemente. Actúa casi siempre de manera automática, realizando mediciones, previendo lo que va a ocurrir, analizando la temperatura de nuestro cuerpo o nuestras reservas de energía para que realicemos su abastecimiento si es necesario. Seguro que en esa situación algún módulo responsable del placer culinario está mandando mensajes para que vayas a tu pizzería favorita, mientras que otro, el encargado de tu salud física, te estará enviando señales para que te comas una menestra de verduras. ¿Qué señal será la que gane? Como no podía ser de otra forma… ¡Lo veremos en el próximo capítulo!

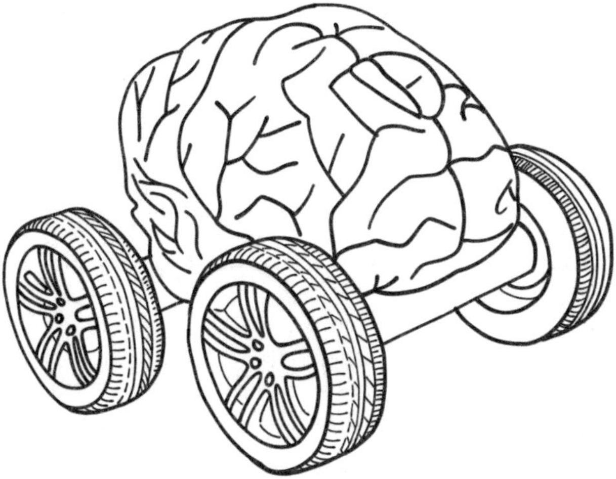

3

Tomar decisiones, lo que mejor sabemos hacer

Son nuestras elecciones, Harry, mucho más que nuestras habilidades, las que muestran quiénes somos realmente.

ALBUS DUMBLEDORE, en *Harry Potter y la cámara secreta*

Recuerdo que esta historia ocurrió una tarde de fin de semana, un día lluvioso, supongo que de invierno por la poca luz que tengo asociada a la situación. Debía tomar una decisión que entonces me parecía tremendamente complicada e involucraba a personas cercanas a mi entorno, que de alguna manera iban a sentirse perjudicadas o molestas, cualquiera que fuese la opción elegida. Es curioso que, hoy en día, recuerde más la anécdota que te estoy contando que esa entonces importantísima elección que debía tomar. Pero, como veremos en el capítulo 9, suele ocurrir aquello de drama + tiempo = comedia, siempre y cuando no nos empeñemos en crearnos un trauma por situaciones absurdas y objetivamente carentes de importancia de nuestra vida. En ese caso, por supuesto lo conseguiremos. Sin embargo, por norma general, nuestro cerebro tiene una maravillosa herramienta para ayudarnos a sobrevivir tras situaciones que en su momento eran complicadas. Me estoy refiriendo al olvido. Continuando con mi historia, debía tomar una decisión arriesgada. Así que llamé a mi gran amigo y consejero Ignacio para que me recomendara qué hacer. Lo que me dijo entonces, hace unos 30 años, se me quedó marcado.

«Coge una moneda. Marca una de las opciones de tu decisión como cara y la otra como cruz. Tírala al aire y mira lo que sale. Si aceptas el resultado sin más y sigues adelante, esa era la opción buena. Si piensas que es demasiado sencillo y que lo apropiado sería tirarla 3 veces y hacerlo al mejor de 3 intentos, entonces es que es la otra opción».

Yo me esperaba más bien un consejo basado en pensar sobre las distintas elecciones, por ejemplo, cogiendo un bloc y valorando los puntos positivos y negativos de cada una de las opciones, pero me dejó marcado aquella solución porque... ¡yo ya había hecho eso mismo muchas veces para decidir algo!

No recuerdo cómo terminó aquello, si me metí en un lío mayor o solucioné el entuerto, pero después de 20 años estudiando el cerebro, no puedo encontrar una mejor manera de tomar decisiones complicadas. Cuanto más difíciles, más efectiva es esta solución, porque para nuestro cerebro es más espinoso analizar racionalmente las opciones. Las emociones (hablaremos de lo que son en el capítulo siguiente) intervienen en nuestras decisiones, y la ciencia ya ha demostrado durante décadas que las decisiones que tomamos utilizándolas son mejores a todos los niveles[12]. Las llamamos corazonadas o intuición, pero la ciencia destaca la gran efectividad que se obtiene al utilizar las emociones.

Ojo, es importante puntualizar la situación que vimos en el capítulo anterior, en la que te exponía que, si tenías un estímulo emocionalmente muy fuerte, decidías peor. Vas a ver que las emociones influyen en la correcta toma de decisiones, con su sistema correspondiente. Pero ese sistema es distinto de aquel que reacciona ante un estímulo emocionalmente fuerte; este último puede activar una «toma de decisiones de emergencia», un sistema diferente, que está especializado en que sobrevivas, mediante las últimas 3 grandes estrategias disponibles: bloqueo, lucha o huida. Y puede que no sea el momento de activar ese último sistema de emergencias, sino el que utilizas normalmente para la toma de decisiones, y en el que las emociones tienen un rol clave.

12. Finucane, M. L., Alhakami, A., Slovic, P. y Johnson S. M. (2000). Fischhoff, B., Slovic, P. y Lichtenstein, S. (1988). Lewicka, M. (1997). Mellers, B., Schwartz, A. y Cooke, A. (1998). Simón, M. (1997). Alonso, M. (2015), (2016), (2017), (2018), (2021).

Tomamos aproximadamente unas 35.000 decisiones al día. No, no se me han colado un par de ceros en el número, treinta y cinco mil. Nuestro cerebro es, básicamente, un órgano de toma de decisiones. Y para realizar esta tarea necesita información, cuanta más mejor. Somos capaces de obtener continuamente una barbaridad de datos mediante nuestros sentidos. En concreto, en lenguaje informático, serían 11 millones de bits cada segundo. Pero, como hemos visto, procesar toda esa cantidad de información con nuestro derrochador cerebro supondría consumir una grandísima cantidad de recursos energéticos, necesitaríamos mucho más oxígeno y tendríamos que pasarnos el día comiendo y procesando alimentos. Nuestro organismo no está preparado para ello; nos harían falta unos pulmones y unos aparatos digestivo y excretor enormes. En lugar de ello, poseemos una herramienta magnífica, y es el trabajo en modo inconsciente. De esos 11 millones de unidades de información que recoge, el cerebro solamente puede procesar 50 unidades conscientemente. Todas las demás no se pierden, sino que se utilizan (y almacenan si el cerebro lo considera necesario) de forma que no nos enteramos, lo cual consume muchísima menos energía. Actualmente se calcula que el 95 % de nuestro comportamiento se produce de forma inconsciente[13]. No nos percatamos de casi nada de lo que hacemos (algunos investigadores ya están evaluándolo en el 99 % del total).

El cerebro decidiendo

Desde el punto de vista de la neurociencia, el mecanismo de toma de decisiones se asemeja al de una carrera. Nuestro cerebro elabora un escenario de las distintas opciones posibles, y comienza una competición entre las mismas, hasta que haya una ganadora[14].

13. Zaltman, G. (2003).

14. Shadlen, M. N. y Newsome, W. T. (2001), (2016).

Durante la competición, convierte la información obtenida mediante los sentidos y la experiencia acumulada previamente en un conjunto de votos a favor o en contra de las distintas opciones. Cuanto más incompleta es la información, más lento es el proceso de obtención de datos. El cerebro realiza automáticamente un cálculo de cuánta información es suficiente para decidir, basándose en los siguientes aspectos: el valor de la decisión, el coste del tiempo invertido, la calidad de la información existente y la urgencia por decidir[15].

El cerebro puede medir el tiempo de formas muy diversas. Por ejemplo, contando pulsos, pasos, latidos del corazón, la respiración, o según el ritmo de la música. Si te fijas, dependiendo de la música que escuches, realizas las acciones de forma más rápida o lenta. Si estás conduciendo y oyes canciones con ritmo rápido e intenso, lo haces a mayor velocidad que si lo que escuchas es relajante y tranquilo. En la sala de espera de una consulta médica te ponen música sosegada y reconfortante para que aguardes pacientemente, y en algunas tiendas la ponen intensa y frenética para animarte a comprar con rapidez. Todo ello influye en la premura con la que eliges.

15. Sigman, M. (2017).

Los sesgos cognitivos o heurísticos

Curiosamente, en esta carrera por tomar una decisión no todas las opciones empiezan la competición desde el mismo punto. Algunas parten con ventaja. Los sesgos cognitivos o heurísticos pueden decantar la balanza hacia una de las alternativas, sobre todo si el problema es de difícil solución o la carrera está igualada. Un sesgo cognitivo es un atajo que toma nuestro cerebro cuando estima que debe pensar mucho para decidir sobre una tarea; así, elimina algunos de los estímulos y decide en base a algún tipo de información que le parezca interesante y llamativa. La razón de este comportamiento ya la conoces… ¡ahorrar energía! Algunos ejemplos de heurísticos son los siguientes:

La ilusión de control. Convencimiento de que, si se controla o ejecuta un aspecto o tarea, va a influir sobre los acontecimientos venideros. Los deportistas experimentan mucho este tipo de heurístico. En el mundo del fútbol, muchos jugadores piensan que el partido les irá bien si saltan al campo con el pie derecho o izquierdo o si, antes del inicio del partido, dan besos al balón o portería para que les ayuden.

Ilusión de frecuencia. Se refiere a la existencia de un fenómeno que capta la atención y hace que un individuo piense que esa circunstancia se está repitiendo a menudo, aunque estadísticamente no sea probable. Un ejemplo es el de las mujeres embarazadas. Su atención, a partir de ese momento, está centrada en esa situación, y es muy frecuente que perciban que existen en su estado muchas más de lo habitual.

El efecto halo. La percepción de un rasgo determinado hace que influya en otros. Si una persona es guapa, los demás suelen percibirla como buena persona, o piensan que baila bien, o que es agradable. El mismo patrón se repite acerca de si es simpática o respecto a otras características.

El efecto escasez. Las personas tienden a valorar lo que escasea o lo que pueden tener la oportunidad de perder. Se utiliza muchísimo en publicidad y en comunicación. Por ejemplo, si es el último día de una oferta, se tiende a comprar de forma compulsiva e inmediata en lugar de adquirir el producto más adelante.

El efecto *bandwagon* o de arrastre. Si muchas personas prestan atención a un estímulo, este captará la atención de muchas más. Así, si una playa tiende a atraer a una gran afluencia de personas, entonces crecerá el interés por el sitio en general. De esta forma, se creará la idea de que si mucha gente se dirige allí es porque ha de tener forzosamente algo especialmente atractivo. Esto está muy relacionado con el miedo a perder y a equivocarse, y con el pensamiento de grupo o sensación de sentimiento grupal.

El sesgo del status quo. Es una preferencia para que todo continúe como está, para que se prolongue la situación actual. Se relaciona con la tendencia que tiene la gente de escoger la opción menos arriesgada.

Estos son solamente algunos ejemplos, pero existen decenas de sesgos cognitivos[16] que nuestro cerebro utiliza para decidir más rápido, haciendo que alguna opción comience la carrera con ventaja sobre las demás.

Una de las características del proceso de toma de decisiones es que, si es difícil elegir una opción y el cerebro no encuentra argumentos para que ninguna de las opciones avance en la carrera de las decisiones, tiende a no actuar y deja la situación como está por defecto. Esto se puede ver por ejemplo en la donación de órganos. Cuando se pregunta a las personas si se ofrecen a donar, el resultado depende totalmente de cómo esté escrito el formulario, dado que la mayoría no encuentra fácilmente argumentos para cambiarlo. Si dice «si quieres donar órganos, firma aquí», lo normal es que no firmes y no dones, salvo que tengas las ideas claras al respecto debido a la información que ya hayas adquirido o a emociones asociadas a esta situación. Si por el contrario el formulario dice «si NO quieres donar órganos, firma aquí», lo más probable es que termines siendo donante sin darte cuenta.

Es decir, si no tienes opinión sobre un asunto, seguramente no harás nada al respecto. El cerebro está estructurado para hacer lo que nos dicen que es lo normal. El peligro de esta situación es que, si adoptamos continuamente esta actitud, viviremos la vida que nos dicen, la que otros consideran apropiada para nosotros (o beneficiosa para ellos). Volveremos más adelante sobre esta idea.

El módulo cerebral de toma de decisiones

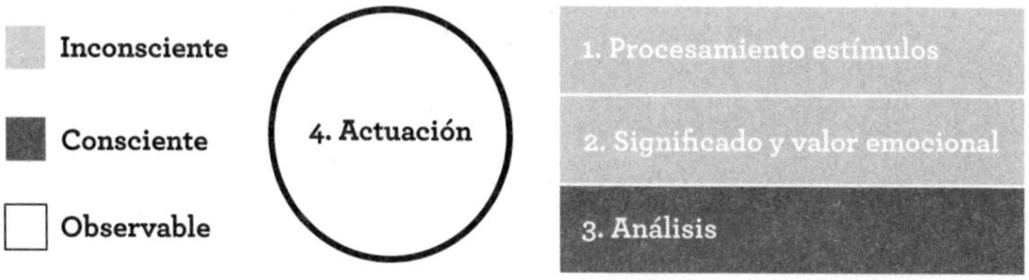

16. Hilbert, M. (2012).

Nuestro sistema cerebral de toma de decisiones tiene cuatro fases. Las dos primeras son el procesamiento de los estímulos que se perciben, y el significado y valor emocional que se les otorga. Ambas fases son muy emocionales e inconscientes. La inmensa mayoría de las veces, en estas dos etapas ya se toma la decisión futura. Es decir, que en las fases siguientes se producirá un efecto de racionalización a nivel emocional y de actuación, pero estos dos procesos iniciales son totalmente decisivos para el resultado final.

Una persona procesa un estímulo y, de manera inconsciente, su cerebro atribuye un significado emocional positivo, negativo o neutro, basándose en la información que tiene disponible (situaciones similares almacenadas en su memoria). Ante una situación análoga, dos personas pueden obtener un significado radicalmente distinto. Por ejemplo, ante la pérdida de un puesto de trabajo, una persona puede verse abocada a una situación de estrés muy elevado y otra aprovechar la circunstancia para irse a la playa. Ninguna de las dos opciones es correcta porque no existe una respuesta óptima, todo depende del significado emocional que le dé el cerebro. Si una persona ha pasado previamente por situaciones similares, y después ha encontrado un trabajo con facilidad, e incluso le gusta más que el anterior, actuará de una manera totalmente distinta a otra que no haya pasado nunca por esa circunstancia, o cuyos referentes en la memoria sean situaciones de personas cercanas que lo pasaron mal en ese contexto.

La tercera es una fase de análisis cognitivo. En ella, el cerebro activa mecanismos para racionalizar la decisión que se ha tomado de forma emocional y genera imágenes basadas en el pensamiento sobre el problema. En el ejemplo anterior, la persona que está tranquilamente en la playa se ha basado en una respuesta emocional, pero puede argumentar aspectos como «ahora no es un buen momento para buscar trabajo» o «si descanso primero, seguramente después podré hacerlo con más energía».

Finalmente, la cuarta fase es la actuación. Por ejemplo, la compra o no de un producto, levantarte de la cama, elegir un desayuno sano a base de fruta o besar a tu pareja. Esta fase es observable.

Los 0,2 segundos más importantes de tu vida

Volviendo a la fase racional o de análisis cognitivo (la tercera), me gustaría centrarme en un aspecto importante. Nuestro conocimiento se basa en imágenes. Almacenamos y creamos continuamente imágenes de lo que percibimos y pensamos. Cuando la toma de decisiones llega a esta fase racional, nuestro cerebro crea imágenes, la mayoría de las veces de forma inconsciente, de cada una de las opciones (el neurocientífico Antonio Damasio las llama «memoria de futuro»[17]), y produce una respuesta emocional a las mismas[18]. Estas emociones que se experimentan ante cada escenario producen otra vez procesos racionales e imágenes, y así entramos en un bucle hasta que, como hemos visto, llegamos a un punto de la carrera donde se decide una opción. En la segunda parte del libro trabajaremos mucho sobre este aspecto porque, para tu cerebro, estas imágenes que generas influyen exactamente igual que aquellas que realmente ves. El cerebro inconsciente no distingue entre realidad y ficción. Sorprendente, ¿verdad? Conocerás más detalles en el capítulo sobre la visualización.

Esta carrera para decidir, «trucada» por tus sesgos cognitivos, y por tus emociones y experiencias anteriores, tiene un final predecible, creado por los mecanismos para agilizar el proceso, gastar poco y sobrevivir. De forma automática, tenderás a repetir las mismas acciones que has ejecutado previamente, porque tu cerebro utilizará esos módulos para evaluar las mismas situaciones, recuperará las emociones previas, y actuarás del

17. Damasio, A. (2013).

18. Bechara, A., Damasio, H., Tranel, D. y Damasio, A.R. (1997).

mismo modo… salvo que aprendas a aprovechar este mecanismo a tu favor, ya veremos cómo. Lo que me interesa ahora es el aspecto temporal.

Una vez que este sistema ha funcionado y has decidido hacer «lo de siempre», el cerebro ordena actuar, y esto se produce 0,5 segundos antes de que la acción se realice de forma efectiva. Pero transcurridos 0,3 segundos después de esta orden, tú eres consciente de lo que vas a hacer. Tienes esos 0,2 segundos para que la fase cognitiva (la tercera de la que estamos hablando) pueda entrar en acción y, conscientemente, crear imágenes apropiadas (y no «las de siempre», basadas en creencias que te dañen), y así cambiar tu actuación. Parece poco tiempo, pero para el cerebro es más que suficiente.

Por ejemplo, imagina que estás leyendo un libro (este maravilloso ejemplar, por supuesto) tranquilamente en tu sofá, y que tu cerebro detecta que tu temperatura corporal ha subido y necesitas ingerir algún líquido para regularla. Su decisión es que estires el brazo y cojas la botella de agua que tienes cerca en tu mesita, para beber. En este caso, 0,5 segundos antes de que estires el brazo se produce la orden. Y 0,2 segundos antes de que se ejecute ya eres consciente de que lo vas a hacer. Ahí puedes decidir no oponer resistencia y realmente realizar la acción, o por la razón que sea (te fascina este capítulo y no quieres perder el hilo o tienes la mano bien calentita debajo de una manta,) cambiar la planificación inconsciente planteada por tu cerebro, y conscientemente crear otra imagen relacionada, la de no ejecución de la acción, y así, modificar su plan.

Es importante destacar que tenemos que realizar esta tarea conscientemente, que tenemos esos 0,2 segundos para introducir un nuevo proceso cognitivo, un pensamiento. Este será el tiempo que tendremos para cambiar y, al hacerlo conscientemente, lo haremos produciendo un «gasto» cerebral elevado, lo que no le gusta al cerebro. Esa es la razón por la que podría mostrarse reticente a cambiar con facilidad en un primer intento. Pero no te preocupes, con la práctica y la repetición, esta tarea se convertirá en inconsciente y dejará de suponer un gasto extra, y así esa reticencia desaparecerá. La aplicación práctica en tu vida será significativa. Desde luego no en un ejemplo tan absurdo como el de estirar el brazo para beber agua, pero sí en otras decisiones que tomas de manera automática y que minan tu actitud y tu autoestima.

4

Emociones, tus amigas en el camino

Podría ser más educado, pero el alma
solo entiende de emoción.
Y, si hay Dios, seguro entiende de emoción.

Alejandro Sanz

Corría el mes de febrero de 2012, y después de 9 años de intenso estudio del cerebro y de las emociones, me disponía a leer mi tesis doctoral, titulada *La influencia de los mecanismos reguladores de las emociones en la toma de decisión de compra en hombres: un estudio con resonancia magnética funcional por imagen* (fMRI), en un imponente salón de la Universidad Complutense de Madrid. Es difícil expresar qué se siente cuando uno lleva tantos años investigando, leyendo, planteándose hipótesis y, sobre todo, aprendiendo sobre un tema —en mi caso la neurociencia del comportamiento humano— y debe exponerlo (y ser evaluado por ello) en 15 minutos. Pero creo que lo principal, por mucho que uno se proponga disfrutar de ello, se reduce a obtener la mayor nota posible como reconocimiento a tu esfuerzo y... ¡que acabe de una vez este día, por favor!

Después de mi presentación, he de reconocer que estaba un pelín nervioso esperando la respuesta del tribunal que me evaluaba, empezando por el presidente, un flamante catedrático de psicología básica. Me sentía tan nervioso como aquella persona a la que le están operando, y le dice su médico: «Tranquilo Manuel, que es solo un pinchazo», y él le responde: «Oiga, que no me llamo Manuel», y el médico afirma: «Ya, es que Manuel soy yo».

En fin, que comienza la respuesta del principal evaluador de mi última década de esfuerzo y lo primero que me dice es: «Mire, me encantan su trabajo y su exposición. Pero creo que se ha hecho un pequeño lío con las emociones. Lo mejor es que venga el próximo lunes a mi despacho a las 8 de la mañana, y así le aclaro un poco el tema».

Esta historia real sirve para presentarte la dificultad que experimentamos los investigadores para definir qué son las emociones. En este caso, además, éramos de áreas del conocimiento diferentes (psicología y neurociencia), pero incluso ilustres estudiosos pertenecientes a la misma área defienden teorías totalmente diferentes. Por cierto, finalmente conseguí mi sobresaliente *cum laude* y, por supuesto, el lunes a las 8 de la mañana estaba en el despacho del catedrático, escuchando su, por otro lado, magnífica exposición sobre qué son las emociones y cómo funcionan.

Y es que la respuesta a esta pregunta varía totalmente si el entrevistado es un antropólogo, sociólogo, biólogo, psicólogo cognitivo, psicólogo conductual o neurocientífico. Uno las enfoca desde el punto de vista evolutivo, otro de su significado o función social, otro de lo que ocurre biológicamente en tu cerebro; otro de lo que piensas; otro de lo que haces después de sentirlas y otro lo relaciona todo con la globalidad de tu comportamiento. En lo que sí estamos más o menos de acuerdo todos es en que nos sirven para tomar decisiones, integrando muchos procesos inconscientes que se producen en nuestro cerebro, y también en los componentes principales de las emociones[19]: valencia e intensidad.

---

19. Yik, M. S., Russell, J. A. y Barrett, L. F. (1999).

Componentes de las emociones

La valencia se define como el atractivo (cuando es positiva) o la aversión (cuando es negativa) de una emoción. Es decir, si es placer o displacer. La intensidad sería la fuerza que tiene la emoción. Puede ser de alta o de baja activación.

Dentro de esta categorización, podríamos ya identificar algunas emociones determinadas, que todos conocemos de sobra porque las vivimos frecuentemente. Algunos estudios[20] consideran que existen 6 emociones básicas: alegría, tristeza, ira, sorpresa, miedo y asco. También suelen incluir otros investigadores el desprecio o la calma. Lo importante es determinar que tus emociones no son siempre igual de fuertes ni tampoco contienen el mismo componente de placer y aversión o displacer.

Una primera identificación de las emociones en un gráfico, añadiendo incluso algunas más a las básicas, sería la siguiente:

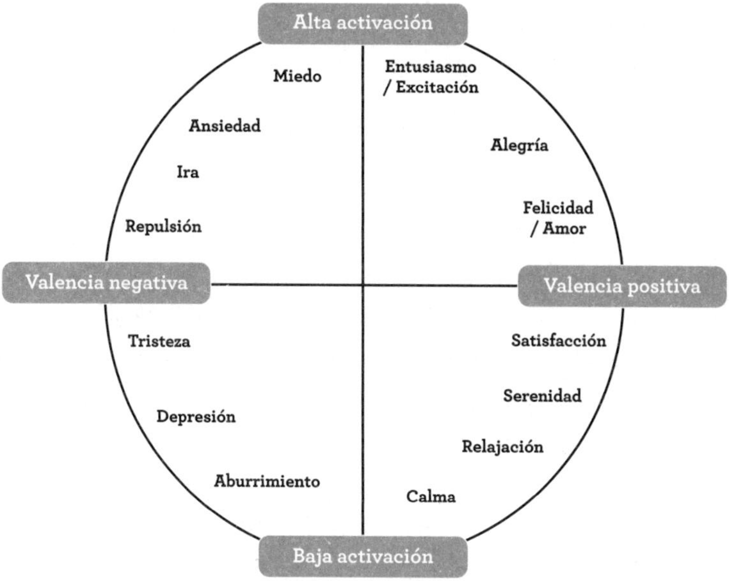

20. Ekman, P. (1999).

Como seguramente sospechabas, las emociones que hemos llamado básicas son una generalización o categoría de otras muchas que escondemos debajo de cada una de ellas. La existencia de esa agrupación es interesante para comunicarnos y saber de qué estamos hablando de forma sencilla, dado que expresar que «tengo una emoción con una intensidad elevada y una valencia muy positiva» sería bastante absurdo y poco eficaz. De modo que decir que estamos alegres parece a todas luces mucho más fácil.

Sin embargo, para otras funciones, como la que vas a aprender en este libro, que consiste en utilizar tus mecanismos cerebrales para mejorar tu autoestima y actitud, simplificar la comunicación no es lo más apropiado. Cuando experimentamos una emoción se produce una reacción mental, y también física, que te impulsa a actuar. Esto ocurre porque, de manera automática e inconsciente, tu cuerpo ha obtenido una respuesta a un estímulo (que puede ser externo, como algo que ves o escuchas, o interno, como algo que piensas). Esa réplica se produce en base a la interpretación de lo ocurrido, según tus creencias y experiencias vitales. Las emociones sirven para que decidas, para que actúes (no hacerlo también es una forma de actuación). Por ello, uno de los principales problemas que puedes tener es la inhibición de la respuesta emocional. Esto significa que estás teniendo un exceso de control sobre los procesos emocionales. Tienes un mecanismo para decidir, pero no lo utilizas, decides darle al OFF y apagarlo. Las emociones están para sentirlas, para que funcionen. Pero claro, si por ejemplo te encuentras a tu jefe en el ascensor y te reprocha cualquier tontería, y tu emoción es como la que experimentarías si una serpiente intentara morderte en un bosque... eso tampoco es sano ni te adapta al entorno. Ni, por supuesto, te hace decidir mejor.

En lugar de inhibir tu respuesta emocional, lo correcto sería desactivar ese sistema o módulo que está alarmando de forma innecesaria mediante las emociones, y volver a su uso normal, como parte del sistema de toma de decisiones que ya hemos visto. Llamaremos a este proceso «regulación emocional».

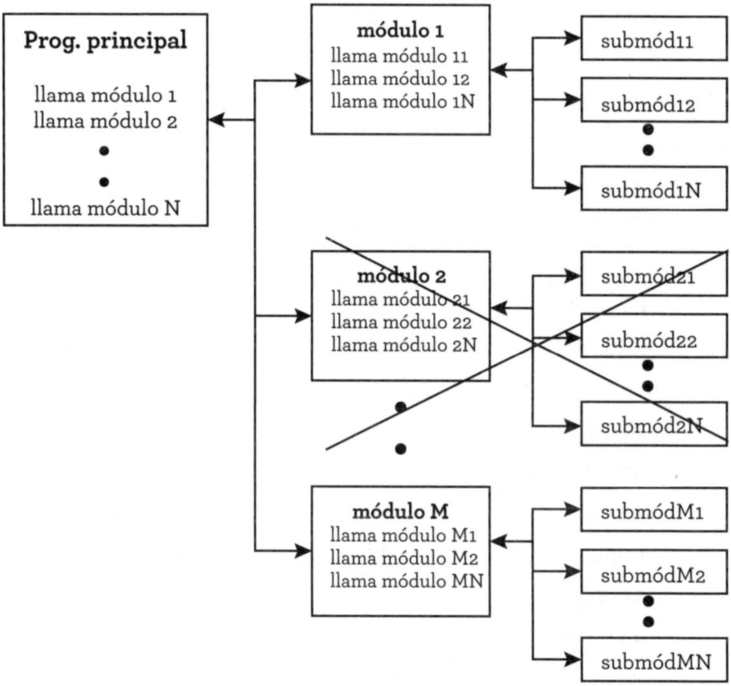

En la imagen, el módulo 1 es el que te sirve para tomar decisiones de forma apropiada mediante las emociones. El módulo 2 está especializado en «reacciones extremas cuando te encuentras una serpiente en el ascensor de tu oficina». Lo que debemos hacer es desconectar ese módulo, para que llegue la señal adecuada al programa principal (tu decisión, tu forma de pensar y actuar).

Lo haremos de forma consciente al principio, hasta que ya lo automaticemos y funcione de forma instintiva. A nadie le gusta que una persona, que encima es tu superior, le haga un reproche, y más si es injusto. Pero en ese gráfico de las emociones seguramente podríamos encontrarle a lo que sentimos un lugar con un valor mucho más bajo en intensidad, e incluso también en valencia (recuerda que puede ser positiva o negativa). Y eso podemos conseguirlo, como ya te explicaré más adelante, cambiando nuestros mecanismos cerebrales. Las emociones nos ayudan, no debemos reprimirlas, pero tenemos que saber etiquetarlas correctamente; no podemos actuar como si estuvieran en otra categoría. Para ello tenemos nuestra razón que, generando las imágenes y pensamientos apropiados, crea de forma consciente unas emociones más adaptadas a la realidad. Aunque a veces lo parezca, el jefe no tiene colmillos venenosos. Solo malhumor y, además... ¡ese es su problema! (si no lo convierto en el mío). Esta tarea la realizaremos de forma consciente, pero conseguiremos que se convierta en nuestra forma automática de reaccionar, en nuestro instinto inconsciente en esa situación. Al final, no es más que un circuito neuronal nuevo (un sistema que voy a crear) que al principio convivirá con el viejo, pero que, pasado un tiempo, ocupará su lugar.

Vamos a trabajar mucho las emociones que experimentas en cada momento, y va a ser crucial en este camino comprenderlas, saber qué te está pasando, para poder cambiarlas cuando sea preciso. Ya habrás observado que la visión que tenemos generalmente de las emociones tiene que ver con una intensidad elevada. Las relacionamos con «me atrevo a hacerlo» o «estoy de muy malhumor y voy a cambiar las cosas». Pero las emociones de intensidad baja también son muy importantes. Ahí tenemos la tristeza, que nos sirve muchas veces para no hacer nada y no actuar (y así conseguimos en muchas ocasiones adaptarnos muy bien al entorno y, como le gusta a nuestro cerebro, salvar nuestra vida). Si este concepto no te ha quedado muy claro, permíteme que te proponga unos deberes muy divertidos. Tienes que ver la película *Del revés* (*Inside out*) de Disney (Pixar)[21]. Además de pasar un buen rato y divertirte, aprenderás mucho sobre las emociones. Y este concepto de ayudarte a no responder o a no actuar como forma de adaptación y respuesta ante un estímulo, viene muy bien mostrado en la misma. Espero que te guste.

La existencia de grandes categorías emocionales no nos va a servir para esta misión. Vamos a necesitar personalizar un poco más. Trabajarás sobre tus emociones particulares cuando hablemos de autoconocimiento (en el capítulo 7), pero ahora necesitamos mejorar nuestro

---

21. Keltner, D. y Ekman, P. (2015).

vocabulario emocional, así que vamos a pensar en nuestras emociones visualizándolas en un gráfico ampliado:

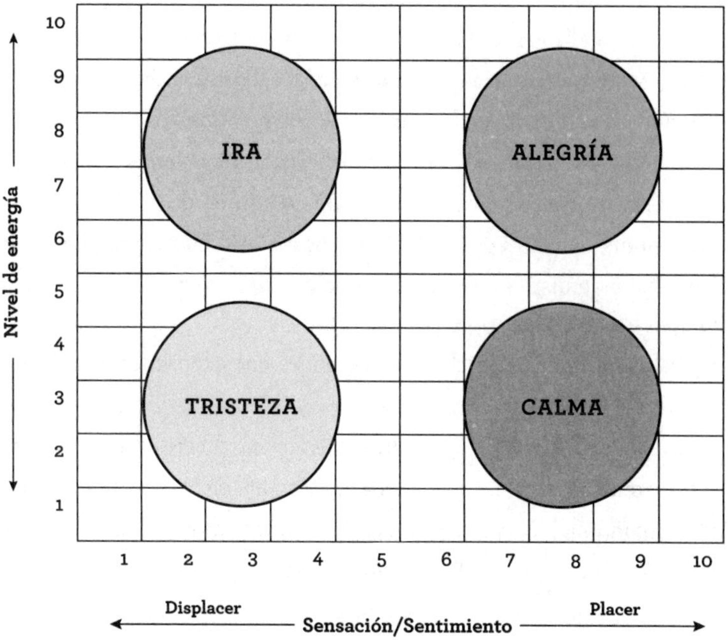

En esta nueva representación de las emociones, mucho más real, tenemos un tablero de 10 x 10, en total, 100 emociones. ¿Te parecen muchas? ¡En absoluto! Eres capaz de identificar muchas más, solo hay que ponerse a la tarea de este sudoku particular. Cuando hablas de alegría, ¿a qué cuadro en concreto te refieres? ¿Intensidad 9 y valencia 8? ¿O es ese el cuadro del entusiasmo? ¿Dónde colocarías los términos júbilo, exaltación, regocijo o subidón?

Esta forma de ampliar tu espectro emocional te va a ayudar en el proceso de regulación que llevaremos a cabo, ya que lo primero que debes aprender es a identificar la emoción que estás sintiendo, para poder analizar si es la apropiada para la situación que la ha generado. Acuérdate de que el desencadenante puede ser a nivel externo o un pensamiento interno. En cualquier caso, debes saber que solamente tú puedes llevar a cabo este proceso, que nadie puede ayudarte. Todo lo que has sentido previamente, tus creencias, tu idea e imagen de cómo es la realidad y de lo que es justo e injusto, tu visión de este mundo... todo forma parte de este proceso inconsciente. Tus valores personales son clave en el mismo. Por esta razón, una persona externa te puede dar consejos, pero nunca conseguirá que aceptes o asimiles del todo un estímulo en un lugar de esta clasificación emocional Tú tienes tu propio criterio. Tu inconsciente lo tiene. Etiquetar lo que estás sintiendo es una parte fundamental del proceso de cambio y, en este sentido, se torna fundamental que aumentes tu vocabulario emocional. Debes ir aprendiendo a distinguir emociones de una misma categoría, pero con diferencias en intensidad y valencia.

A vueltas con las emociones

Las siguientes son algunas emociones que puede que hayas sentido alguna vez (o no), pero que en algún lugar del mundo han sido etiquetadas, lo que nos sirve para conocer y comprender, en esas situaciones, lo que estamos sintiendo[22]:

- *Gezelligheid.* De origen neerlandés, se utiliza para describir la sensación física y emocional de sentirse alegre y confortable por estar acogido por personas con fuerte vínculo de amistad. Se refiere principalmente a la época invernal.
- *Gren jai.* Procede de Tailandia y expresa la emoción que se siente cuando se rechaza la ayuda de los demás porque no se quiere molestar.
- *Hiraeth.* Proviene de Gales y se refiere a una profunda nostalgia por un tiempo que ya pasó y ha desaparecido de la vida de alguien. También se puede referir a echar de menos a una persona que ya no está.

22. Smith, T. W. (2015).

- *Ilinx*. De origen francés, refleja la excitación que acompaña a la idea de destruir algo frágil que se tiene en las manos. Si vas a casa de alguien que no te cae muy bien y te dicen que cojas su maravilloso jarrón de porcelana china, sabrás de qué te hablo.
- *Iktsuarpok*. Esta palabra inuit se utiliza para referirse a esa sensación que prácticamente todos hemos experimentado en alguna ocasión cuando esperamos a alguien con auténtica ansiedad.
- *L'appel du vide*. Término francés para referirse a una especie de fuerza difícil de explicar que nos incita a hacer cosas peligrosas, pero que en el fondo nos sirve para recordarnos que no siempre es bueno dejarse llevar por el instinto. En un puente con una cuerda atada a tus pies y a punto de lanzarte al vacío, comprenderás perfectamente lo que es.
- *Malu*. Término indonesio que refleja la sensación de sentirse inferior a los demás. Por ejemplo, lo que te pasa cuando vas con la serpiente… ¡perdón!, con tu jefe en el ascensor. Ahí te sientes *malu*.
- *Nakhes*. De origen yidis, significa la alegría que sienten unos padres por los logros de sus descendientes, principalmente en la infancia. «Pero, ¡qué bien se lava los dientes esta pequeñita!».
- *Oime*. De origen japonés, refleja la incomodidad de tener una deuda con alguna persona del entorno.
- *Schadenfreude*. De origen alemán, expresa la alegría que se siente por el fracaso de otros, aunque no te afecte de ninguna manera.
- *Torschlusspanik*. De origen alemán, significa el miedo que tiene una persona a que sus oportunidades se reduzcan a medida que pasa el tiempo y envejece.

Y me gustaría añadir a esta lista dos mías personales:

- *Kili-kolo*. Oscilante, vacilante, tambaleándose, a punto de caer. Puede referirse a una persona que está a punto de ponerse enferma.

- *Larri.* Tristeza o cansancio muscular causado por exposición prolongada a días lluviosos y ausencia de sol.

Estas dos últimas palabras provienen del euskera, pero su significado lo he expresado a nivel personal. Yo las colocaría en los siguientes lugares de mi mapa de emociones:

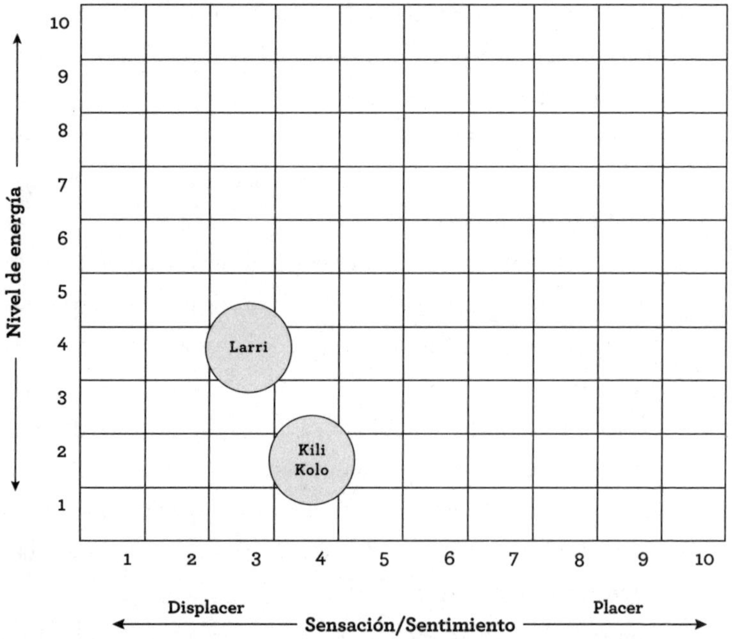

Lo importante de esta descripción de las emociones es que se debe definir cada palabra que conozcamos en términos de intensidad y valencia, para que sepas de qué emoción hablas. Así, llegado el momento, podrás identificar si se debe regular o no la misma. Fíjate en que puede suceder que, entre las emociones que hemos mencionado anteriormente, igual alguna tiene para mí valencia negativa y para ti positiva, o que yo la colocaría con un 7 de intensidad y tú con un 3. Todo depende de mis valores, creencias y experiencias, y de las tuyas. Por eso es importante que crees tu propio mapa.

Me gustaría que realizaras un pequeño ejercicio de identificación y etiquetado emocional en el gráfico. Quisiera que colocaras, según tu propia evaluación en el cuadro correspondiente, al igual que he hecho yo con mis dos emociones descritas, las siguientes palabras: admiración, adoración, apreciación estética, regocijo, ansiedad, asombro, incomodidad, aburrimiento, júbilo, calma, confusión, antojo, indignación, dolor rotundo, embelesamiento, envidia, excitación, temor, terror, interés, disfrute, nostalgia, romance, tristeza, satisfacción, deseo sexual y compasión.

No te preocupes, pues no existe ninguna respuesta incorrecta. Tu criterio es el que prima, siempre vas a acertar. Y una vez que las hayas colocado, te animo a rellenar más espacios, hasta que alcances los 40 recuadros completos. Son solo 13 más, ¡ánimo! Puedes empezar con aquellas que sueles sentir en diversos momentos de tu día a día. Conocerlas te ayudará a conocerte y saber tratarte. También puedes ubicar las que quieras de las que hemos mencionado más arriba. Y, por supuesto, no hace falta que se trate de nombres de uso común, puedes poner los tuyos propios, personalizados, pues al fin y al cabo… ¡este es tu propio mapa de emociones!

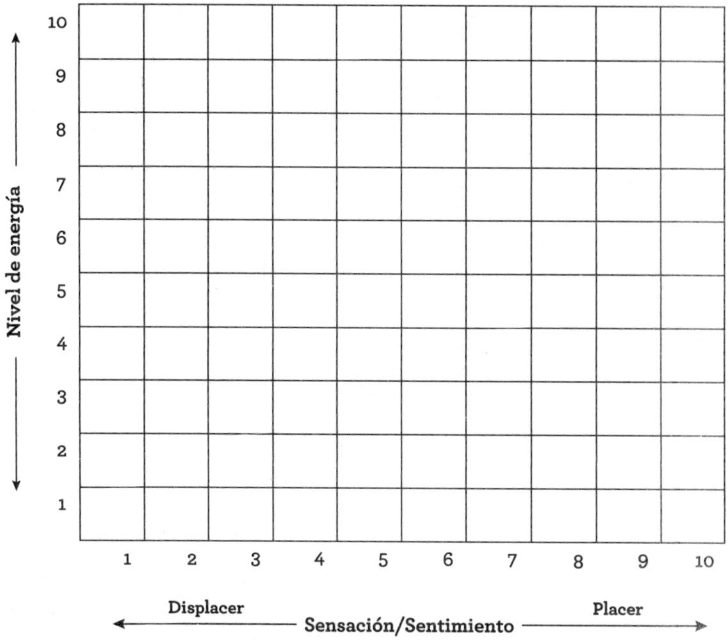

5
Sistemas del cerebro para hacernos la vida imposible... o no

La felicidad de tu vida depende de la calidad de tus pensamientos.

Marco Aurelio

Cambias tus pensamientos y cambias tu mundo.

Norman Vincent Peale

El padre del gran neurofisiólogo estadounidense Paul Bach-y-Rita tuvo un derrame cerebral masivo. Las consecuencias fueron que un lado de su cuerpo y su rostro quedaron completamente paralizados. Los médicos creían que el padre de Paul pasaría el resto de su vida postrado en cama y que nunca podría hablar, que su recuperación era imposible. Sin embargo, mediante largos estudios, capacitación y un entrenamiento prolongado, su futuro fue totalmente distinto. El padre de Paul primero entrenó en la cama durante mucho tiempo, luego aprendió a gatear y luego pudo caminar. Paul se aseguró de que su padre no solo se recuperara por completo, sino que también regresara a la enseñanza y pudiera viajar. Después del episodio de su derrame cerebral, el padre de Paul vivió otros 7 años más y no falleció por esa circunstancia, sino que murió en las montañas de un ataque al corazón. Su autopsia, realizada por la doctora Mary Jane Aguilar, reveló un daño cerebral catastrófico: el 97 % de los nervios que iban del cerebro a la columna habían quedado destruidos. Su cerebro se reorganizó por completo para poder llevar una vida normal.

Paul Bach-y-Rita es considerado como el neurocientífico que introdujo la sustitución sensorial como herramienta para tratar a pacientes que padecían trastornos neurológicos, y uno de los grandes pioneros en aplicar la neuroplasticidad cerebral.

Como vimos previamente, nuestro cerebro no es un cajón vacío. Está programado para aprender desde que nacemos. Está dotado de una serie de sistemas que nos ayudan a adaptarnos al entorno, y a adquirir y asimilar información. En este capítulo te voy a presentar algunos de los módulos o sistemas cerebrales de que dispones, y te mostraré cómo funcionan. Verás que están muy adaptados a nuestra supervivencia y al ahorro de energía, por lo que puede suceder que a veces nos perjudiquen si no sabemos utilizarlos correctamente. Debemos modificar su objetivo funcional, cambiándolo del «haz que sobreviva» al «haz que sea más feliz». Si tienes un Ferrari, podrás ponerlo a 300 km/h en un circuito cerrado, pero si vas a esa velocidad por la carretera regional que te lleva al supermercado, seguro que tienes problemas; por ejemplo, un multazo como para empeñar hasta las pestañas.

Caminos y conexiones neuronales

Todo lo que hacemos se origina en las corrientes eléctricas que se producen cuando se envía información por los caminos neuronales, que forman los distintos módulos o sistemas cerebrales. Un pensamiento, una acción, se basan en que cuando un grupo de neuronas conectadas se activan, emiten una señal eléctrica que va pasando entre las distintas neuronas, al tiempo que se generan una serie de hormonas que se vierten en el flujo sanguíneo.

Puesto que las conexiones neuronales son caminos eléctricos, y dado que la electricidad siempre se va por la ruta que presenta menos resistencia, pasa más fácilmente por las rutas que más utilizamos. Si sales a dar un paseo por el campo, seguramente irás por un sendero determinado porque te resultará más fácil que escoger otro en el que la maleza te llegue hasta las rodillas. Nuestro cerebro, en su afán por ahorrar, utiliza los caminos más fáciles de manera automática e inconsciente. Cuando dejamos que el cerebro fluya y decida por sí mismo, utilizará las sendas habituales, porque son más grandes, fuertes, y gastan menos energía y recursos.

Cuando queremos cambiar nuestra forma de actuar, literalmente vamos a crear una vía nueva. Es un camino pequeño que va a pelear contra el grande. Cuanta más importancia le des, trayéndolo al consciente y utilizándolo, más rápido va a ir creciendo, hasta que supere al otro en tamaño y así se convierta en la reacción automática del cerebro, por donde viajará la señal de forma automática. El camino neuronal antiguo, los pensamientos de tu forma de actuar previa, de tu anterior yo, se irá llenando de «maleza», cada vez será menos habitual, y se irá haciendo más pequeño.

Cerebro y hábitos

A continuación, te voy a explicar algunos pequeños detalles sobre la importancia que tienen tus hábitos en tu funcionamiento cerebral. Los nombres científicos son lo de menos; lo importante es que veas lo relacionadas que están algunas funciones que realizamos.

En el cerebro, los ganglios basales son los responsables de tus hábitos[23], así como de la memoria de procedimiento. Esas son las tareas que llevamos a cabo de manera automática, sin que pensemos cómo

23. Yin, H. H. y Knowlton, B. J. (2006). Amaya, K. A. y Smith, K. S. (2018). Hebb, D. O. (1949).

hacerlo. Algunos ejemplos serían conducir, andar en bici o caminar hacia tu casa por la calle. Curiosamente, los ganglios basales están físicamente pegados a la amígdala y al hipotálamo. La amígdala es la responsable de la supervivencia. Se activa para evitar que vayamos a correr un peligro. El hipotálamo es el encargado del deseo sexual.

Resulta, pues, que la zona responsable de los hábitos y de las tareas automáticas está situada junto a las del deseo sexual y la supervivencia, que son los dos principales objetivos del cerebro. Eso ya nos está diciendo que, cuando repetimos hábitos, lo hacemos porque el cerebro los relaciona con estas dos funciones tan importantes para él. En principio, no va a ponernos fácil cambiar, pues A TU CEREBRO LE ENCANTA HACER LO DE SIEMPRE.

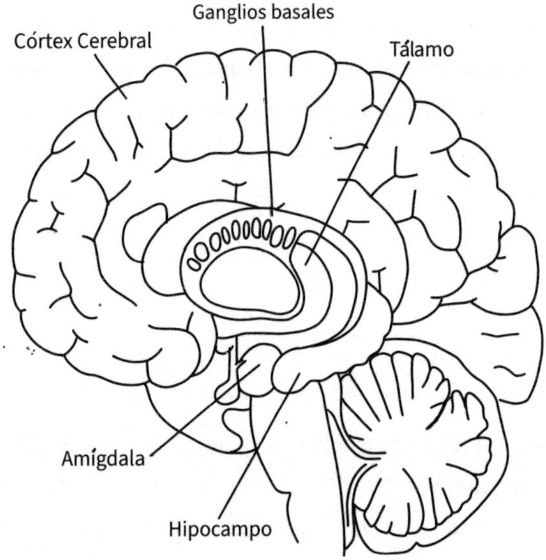

Cuando anticipa una amenaza, gracias a nuestro mecanismo para ahorrar energía, se lanza de forma automática a los hábitos[24], aunque estos puedan suponer un mayor peligro a largo plazo. Esto lo vemos, por ejemplo, en los fumadores. Están nerviosos o preocupados y el cerebro

24. Gladwell, M. (2017).

les empuja a encender un cigarrillo. Esta es una de las razones por las que no es bueno utilizar el miedo para cambiar tu forma de actuar y, por supuesto, tampoco para dejar de fumar[25]. Las emociones negativas deben estar lejos en este proceso, principalmente aquellas que asustan con respecto a la sensación de no ser capaces de algo, o de no poder cambiar. No anticipes peligros ni miedos porque, como puedes ver, la amígdala activa los ganglios basales y te vas directo a repetir lo mismo de siempre, a pensar en negativo, a tu antiguo yo. No te preocupes, lo conseguirás. Ahora estás preparándote, gracias a los conocimientos que estás adquiriendo, para cambiar y mejorar tu autoestima y tu felicidad.

Neuroplasticidad y neurogénesis

La mente es capaz de cambiar físicamente el cerebro. La neuroplasticidad[26] es la capacidad del sistema nervioso para transformarse, modificarse y obtener así nuevas funciones. Cuando aprendemos o pensamos en algo nuevo, se producen conexiones entre distintas neuronas. Se trata de un cambio físico, como le ocurrió al padre de Paul Bach-y-Rita. Si le hiciéramos una resonancia magnética (una forma de sacar una foto a nuestro cerebro), se podrían observar esos cambios. En el momento en el que repetimos muchas veces esas acciones o pensamientos, los cambios se consolidan de forma permanente.

Un tenista profesional, cuando está jugando, no piensa en cómo le va a dar a la pelota, si la va a mandar a la derecha o a la izquierda. Su cerebro, después de muchísima repetición previa, la dirige de manera automática a ese punto. Algo parecido ocurre con las personas que aprenden a hablar inglés muy bien desde la infancia: no comprenden las formas gramaticales, pero las utilizan a la perfección.

---

25. Alonso, M. (2022).

26. Bach-y-Rita, P. (2001). Levine, P. G. (2018).

Una de las claves para trabajar tu neuroplasticidad es mantener el cerebro siempre aprendiendo, adaptándose para atender nuevas tareas, como veremos en el capítulo 14. Seguro que habrás oído hablar de ejercicios de entrenamiento mental o cerebral. Entre las personas mayores cada vez se realizan con más frecuencia, precisamente para prevenir enfermedades degenerativas cerebrales, como el Alzheimer. Pero son necesarios a cualquier edad. Tenemos que poder adaptarnos a los cambios vitales en momentos distintos de nuestra vida, y nuestro cerebro tiene que estar preparado para ello.

Un concepto fundamental en este sentido es el de la neuroplasticidad autodirigida. Si piensas mucho en alcanzar un logro determinado, tu cerebro reacciona y empieza a generar conexiones neuronales, emociones y pensamientos para llegar a conseguirlo. El cerebro reutiliza neuronas para crear circuitos neuronales y conseguir esa nueva función. Ojo, esto es muy bonito, pero funciona para lo bueno —como vimos en el ejemplo del inicio de este capítulo del padre de Bach-y-Rita—, pero también puede hacerlo para lo malo. Si empiezas a tener pensamientos relacionados con estar todo el día atendiendo el correo electrónico, le estás diciendo al cerebro que mirar continuamente el teléfono móvil es muy importante, y que no se olvide de hacerlo cada minuto. Y no parece que eso te vaya a hacer muy feliz. Lo mismo puede ocurrir si das importancia a estar enganchado a las noticias, o a comprobar si la puerta de la calle está cerrada. Puedes acabar cazando grillos, con un miedo tremendo a cualquier peligro potencial.

La neuroplasticidad autodirigida ayuda a que el cerebro cambie para conseguir aquello que deseamos. Pero también puede ocurrir que nos lleve a situaciones que nos perjudiquen, si nos centramos en tareas y actividades que son dañinas para nosotros, y en repetirlas una y otra vez para que nuestro cerebro les dé importancia.

La neurogénesis[27] —o creación de nuevas neuronas— se produce durante toda la vida. Las primeras investigaciones consideraron que

27. Gage, F. H. (2002).

teníamos un número determinado de neuronas y que, a partir de cierta edad, solamente morían, sin que generáramos nuevas neuronas. Gracias a los últimos descubrimientos sobre el cerebro, ahora sabemos que producimos miles de neuronas al día a lo largo de toda nuestra vida. Cuando damos importancia a algunas tareas, estamos utilizando mecanismos neuronales para convertirlas en importantes y para que nuestro cerebro se asegure de conseguirlas, poniendo a su servicio los recursos disponibles, que pasan a formar parte de módulos cerebrales que ya existen o incluso a crear nuevos. Pueden proceder de la reutilización de otras neuronas (neuroplasticidad) o también de la creación de neuronas nuevas, generadas por neurogénesis. Cada día nacen recursos cerebrales para que los utilices, pero hazlo para ser más feliz, pues de lo contrario su existencia será más inútil que un cenicero en una moto.

Aprendizaje por error de predicción

Este sistema cerebral es fascinante y, por desgracia, lo utilizamos poco. El aprendizaje por error de predicción[28] es aquel con el que aprendemos las cosas más importantes y complicadas de nuestra vida, como ver o andar. ¿Cómo aprendiste a ver? Es difícil responder a esta pregunta. Sucede que nuestra mente visualiza un escenario, una situación determinada, y quiere alcanzarla, aunque no tiene ninguna pista de cómo hacerlo. Entonces empieza a ensayar de forma aleatoria una serie de acciones, para intentar llegar a conseguirlo.

Un ejemplo puede ser el de un bebé que quiere tocar un juguete, pero que todavía no ha alcanzado el nivel necesario de desarrollo psicomotor. Para conseguirlo empieza a mover de forma aleatoria músculos de su cuerpo, como las manos o las piernas. Con cada movimiento, el cerebro calcula la diferencia entre lo esperado (tocar el juguete) y lo que realmente ocurre; en la mayoría de las situaciones, absolutamente nada.

28. Sigman, M. (2017).

En uno de esos movimientos aleatorios, de forma fortuita, mueve la mano y consigue tocar el juguete. En ese momento, el cerebro empieza a aprender que el movimiento del brazo ha conseguido el objetivo. Este mecanismo se va refinando automáticamente y, poco a poco, el cerebro va escogiendo algunos de los movimientos originales, solo aquellos que tienen más probabilidades de tocar el juguete.

Una anécdota curiosa con este sistema de aprendizaje es el experimento de un grupo de investigadores, encabezados por el gran neurocientífico argentino Mariano Sigman, uno de los directores del Human Brain Project. Investigando este aprendizaje, se les ocurrió tratar de controlar la temperatura de la punta del dedo índice de una mano. Intentaban hacer que, mediante su pensamiento, subiese la temperatura del dedo. Al principio no obtuvieron ningún resultado. Pero, transcurridos unos cuantos días, su cerebro empezó a comprender que aquella era una tarea importante (debido a la continua repetición), y observaron que, en ocasiones, conseguían incrementarla. Unas semanas más tarde, todos los neurocientíficos controlaban perfectamente la capacidad de aumentar la temperatura del dedo de su mano derecha. No sabían cómo lo hacían, simplemente pensaban en ello y ocurría. Al mostrar la importancia de la tarea mediante la repetición, el cerebro empezó a realizar distintas acciones para que la temperatura aumentara, hasta que acertó en una de ellas. A partir de ahí depuró la tarea y fue aprendiendo lo que tenía que hacer para que subiera solamente la temperatura del dedo.

Cuando queremos cambiar algún comportamiento que consideramos perjudicial, tenemos que usar este sistema para repetirle a nuestro cerebro que es muy importante dejarlo atrás, y así lograr que trabaje para nosotros.

El circuito *default* y los ANTs

Nuestro cerebro es el resultado de millones de años de evolución. La vida de nuestros ancestros era mucho más complicada que la nuestra.

Además del problemón de no tener Instagram ni TikTok, estaban expuestos a un número muy elevado de peligros, como ser devorados por algún depredador. Por este motivo, el cerebro fue desarrollando un sistema para anticiparse a situaciones potencialmente amenazantes para su supervivencia, llamado sistema *default*[29]. Es una forma que tiene de activarse automáticamente cuando no pensamos en nada, cuando no tenemos nada que hacer.

El sistema funciona, en primer lugar, criticando negativamente el presente, buscando aspectos de la situación actual que puedan suponer una amenaza, y analizándolos repetitivamente. A continuación, se viaja mentalmente en el tiempo, para analizar cosas malas que nos han ocurrido y/o que nos podrían volver a pasar en el futuro, perdiendo el punto de vista del presente. A esto se une la crítica a las personas del entorno, juzgándolas de forma negativa con respecto al trato que nos dispensan y su relación con nosotros, por si suponen un peligro. Este módulo cerebral, que hace miles de años era una herramienta fundamental de adaptación al entorno, hoy en día muchas veces no es un sistema que nos sirva para esa función, sino más bien para preocuparnos en exceso, tener pensamientos circulares y despertar negatividad.

ANTs[30] es el acrónimo inglés para nombrar los pensamientos automáticos negativos (*Automatic Negative Thoughts*). Su traducción al castellano, curiosamente, significa hormiga, aunque ellas no tengan ninguna culpa de la existencia de los ANTs en nuestro cerebro. Aparecen sin que nos demos cuenta cuando nuestro cerebro está divagando y conquistan nuestra actividad cerebral, centrándonos en peligros y aspectos negativos que existen o puedan presentarse en nuestras vidas.

---

29. Viamontes, G. I. y Beitman, B. D. (2006).

30. Amen, D. G. (2015). Arpin-Cribbie, C. A. y Cribbie, R. A. (2007). Hollon, S. D. y Kendall, P. C. (1980).

Son melancólicos y de queja. Se manifiestan cuando el sistema límbico (responsable de las emociones) conecta la mente a negativo, también con un origen evolutivo de supervivencia. Los principales son:

- **Culpar**, tanto a nosotros mismos como a los demás. Machacarse sin piedad, reprochándose todo aquello en lo que se considera que se ha fallado.
- **Etiquetar**. Atribuir calificativos de forma negativa.
- **Personalizar**. Culpabilizar de forma personal a individuos del entorno de los problemas o situaciones negativas que se produzcan.
- **Leer la mente**. Atribuir malas intenciones y pensamientos a las personas de alrededor.
- **Predecir el futuro**. Adelantar, de forma negativa, lo que va a ocurrir.
- **Centrarse en lo negativo**. Concentrar el foco en los problemas y despreciar la parte positiva de las cosas que ocurren.
- **Pensamientos polarizados de siempre/nunca**. Generalizar las cosas que pasan de forma negativa.

Cuando se despiertan todos estos pensamientos negativos en la amígdala, al estar la zona de los hábitos justo al lado, se activa la necesidad de no cambiar, de seguir igual, de continuar con las costumbres y hábitos.

La atención plena

Nuestro cerebro se va esculpiendo según aquello a lo que prestamos atención en cada momento. Cuando nos focalizamos en el presente, se activa el sistema cerebral de la experiencia directa, el de prestar atención ahora y aquí, y desactivamos el sistema *default*. Desaparece ese viaje negativo en el pasado y el futuro, y contribuimos a que la neuroplasticidad autodirigida se centre en cambiar para conseguir nuestro objetivo.

La mejor forma de prestar atención al momento es practicando *mindfulness* o atención plena. Consiste en observar nuestras experiencias internas, lo que nos pasa, sin juzgarlo. Consiste en ver lo que está aconteciendo desde una posición de espectador, sentir cada momento, ser conscientes de cada instante.

El *mindfulness* se basa en comprender y sentir lo que está pasando. Practicar el *mindfulness* va a ayudarte muchísimo a cambiar, porque es uno de los mejores remedios contra los pensamientos automáticos negativos[31]. En el capítulo 11 hablaremos sobre ello, y te plantearé ejercicios para que lo practiques.

Peleando con los ANTs

¿Qué puedes hacer cuando aparece un pensamiento automático negativo (ANT)? Cuando tu cerebro divaga y te pones en lo peor, te inundarán

31. Mahncke, H. W., Connor, B. B., Appelman, J., Ahsanuddin, O. N., Hardy, J. L., Wood, R. A. *et al.* (2006). Price, D. D., Verne, G. N. y Schwartz, J. M. (2006). Schwartz, J. M. y Begley, S. (2009).

continuamente cavilaciones negativas, y a tu lado, Murphy sería visto como un tipo optimista. Tu cerebro va a recurrir a tus hábitos anteriores para tranquilizarte, pero estás acudiendo a una acción que quieres cambiar, que quieres dejar de repetir. Es la pescadilla que se muerde la cola, la combinación perfecta para seguir haciendo lo mismo durante toda la vida.

Para acabar con los ANTs se deben seguir los siguientes pasos:

1. Presta atención y escribe los pensamientos automáticos. Probablemente muchos de ellos sean predicciones negativas. Por ejemplo, «no voy a poder liberarme de esto nunca», «esto es muy difícil», «no tengo fuerza de voluntad», etc.
2. Identifica y etiqueta estos pensamientos como «subjetivos, negativos y de predicción de futuro». Esta simple tarea ya arrebata parte del poder al ANT. Te están indicando que algo malo va a pasar, y no tiene por qué ser así. Seguro que, si te paras a pensarlo, has conseguido cosas increíbles en tu vida. Cambiar en esto que deseas va a ser una más que vas a lograr. Reconócelo y etiquétalo como pensamiento erróneo, de predicción de algo negativo que no tiene por qué ocurrir.
3. Escribe una respuesta para apaciguar este pensamiento negativo. Responde al ANT y elimínalo. Recuérdate todo lo que has

conseguido previamente. Repítete que tú puedes hacerlo, que lo vas a conseguir. Recupera los conocimientos que estás adquiriendo sobre el cerebro. Ten presente tu compromiso por modificar algo que quieres cambiar porque reduce tu autoestima y tu felicidad. Acaba con ese pensamiento, con ese ANT.

El plan de cambio

Para modificar un comportamiento, primero debes planificar. Lo vas a hacer de forma escrita, para que le digas al cerebro claramente que esto se ha acabado. Así, cuando estés en la situación que quieres cambiar, ya llegarás con tu estrategia definida. Acuérdate de que tienes 0,2 segundos para decidir no hacer lo de siempre, lo que tus hábitos exigirán de forma automática. Repite mentalmente lo que has escrito en tu plan de cambio. Solo podrás hacerlo, solo podrás realmente cambiar, si al principio lo haces conscientemente, es decir, con tu cognición, pensando. Esto supone un gasto extra, pero va a merecer la pena. En cuanto este sistema cerebral esté reforzado por haberlo usado repetidamente, pasará a ser el automático, el hábito, una rutina. Aquí te dejo una tabla que puedes usar para escribir lo que quieres cambiar, rellenando después los restantes campos. Trabajaremos sobre cuáles son esos contenidos en el capítulo 7. A veces no es fácil acertar con la estrategia, y lo mejor que podemos hacer es conocernos bien.

ASPECTO A CAMBIAR	DESCRIPCIÓN DE LA EMOCIÓN	VALENCIA	INTENSIDAD	ANT-DESPERTADA	PENSAMIENTO MATA-ANT

¡Visualízalo!

A partir de ahora ya puedes empezar a visualizarte viviendo con tu nueva actitud, con tu nuevo pensamiento. Ese que vas a poner en la última columna del plan de cambio y que mejora tu autoestima y te produce felicidad. Si visualizamos una circunstancia como objetivo, le decimos a nuestro cerebro que queremos llegar ahí. De esta forma, utilizaremos el sistema de aprendizaje por error de predicción y nuestro cerebro empezará a trabajar para conseguir esa meta. Cuanto más visualicemos, más importancia le estamos dando, y más trabajará nuestro cerebro por ella, porque le estaremos indicando que «es importante para nuestra supervivencia».

El poder de visualizar es grandísimo[32]; es otra herramienta más para que nuestro cerebro trabaje para nosotros. Activa los mecanismos cerebrales responsables de las acciones que pensamos ejecutar. Nos sirve de entrenamiento para afrontar dificultades y solucionar problemas.

Un gran ejemplo de visualización es el del capitán Jack Sands, piloto de la Marina estadounidense, que fue derribado y capturado en la guerra de Vietnam. Pasó siete años en una jaula aislada, sin actividad física. Como había sido entrenado en la técnica de visualización para poder ser creativo en la resolución de conflictos y para que su cerebro funcionara adecuadamente en situaciones de emergencia, la practicaba de manera continua. Por otra parte, le gustaba el golf y de vez en cuando solía practicarlo. Su resultado era de 100 golpes aproximadamente en un recorrido de 18 hoyos. Durante su cautiverio, todos los días se iba a jugar a golf mentalmente, cogía sus palos y disfrutaba de todo el recorrido, de las sensaciones de agarrar el palo, de ejecutar el *swing*, de notar el viento, los olores, los sonidos…

---

32. Murphy, S., Nordin, S. y Cumming, J. (2008). Murphy, S. M. y Jowdy, D. P. (1992). Gould, D., Damarjian, N. y Greenleaf, C. (2002). Short, S. E., Tenute, A. y Feltz, D. L. (2005). White, A. y Hardy, L. (1995).

Cuando fue liberado y volvió a su casa, la primera vez que salió a jugar al golf bajó a 74 golpes. Su cerebro había entrenado durante muchos años y, jugando mentalmente, había desarrollado las conexiones neuronales necesarias para jugar mejor, incluida la precisión muscular apropiada. Todo ello sin tocar un palo.

Tú vas a elegir lo que es importante y tu cerebro le va a dedicar recursos. Con tu trabajo mental, vas a conseguir que tu cerebro trabaje para ti. Veremos más sobre la visualización en el capítulo 17.

Resumiendo

Ahorrar energía es muy importante para el cerebro y, por esta razón, le encanta ejecutar respuestas automáticas inconscientes, en forma de rutinas.

Cuando lleves a cabo las tareas de tu día a día, tu cerebro pedirá hábitos. Pero tu mente decide entre dos opciones:

- **Opción 1**. Te dejas llevar sin tomar en consideración tus decisiones, sin comprometerte a cambiar. Se activa el circuito *default*. Te ataca un ejército de ANTs. Los niveles altos de estrés impiden pensar con claridad para poder eliminarlos. Acabas sintiendo, pensando, y al final, haciendo lo mismo. Tu percepción de autocapacidad se derrumba.

- **Opción 2**. Cuando estés en la situación que quieras modificar, vas a regular tus emociones, para que no sea el sistema cerebral de emergencia el que decida, sino el de toma de decisiones normal. En la última columna del plan de cambio llevarás preparado un pensamiento mata-ANTs para cada situación que quieres cambiar, y vas a tenerlo presente, prestándole atención consciente. Así, tu mente enseña a tu cerebro que cambiar es importante para sobrevivir (neuroplasticidad autodirigida hacia ese fin). Se inicia el aprendizaje por error de predicción; el cerebro empieza a ejecutar tareas para comprobar cuál de ellas puede llevarte hacia esa situación. Se refuerzan otras conexiones neuronales. Se comienza a crear un hábito distinto, que sustituirá al actual.

Si tú crees que puedes y piensas y lo visualizas así, vas a contribuir a que tu cerebro trabaje para que puedas. Y, de esta forma, puedes cambiar cualquier hábito que quieras modificar y alcanzar las metas que te propongas, eliminando pensamientos circulares y negativos.

PARTE 2

CAMBIAR DE FORMA INTERNA PARA SER FELIZ

6
Autoestima, hábitos y creencias. La realidad es subjetiva, así que elige la mejor

Lo consiguieron porque no sabían que era imposible.

JEAN COCTEAU

Los niños son felices porque no tienen un archivo en sus mentes llamado «todas las cosas que podrían salir mal».

MARIANNE WILLIAMSON

Quiero presentarte ahora a dos personajes muy importantes de la historia de la humanidad.

El primero fumaba como un carretero, más de 10 habanos al día, y era alcohólico. Bebía de todo: whisky, vino, brandy, champagne... De hecho, era lo primero que hacía al despertarse. Su padre pensaba que era un fracasado, y lo metió en un internado militar de joven. Comía sin control y detestaba la fruta. Era amante de la velocidad y adicto al riesgo, incluso estuvo a punto de morir en un accidente de aviación cuando era joven. Famoso por sus salidas de tono bajo los efectos del alcohol, en una ocasión estaba visiblemente bebido y una señora se lo reprochó con acritud, a lo que él respondió: «Yo mañana estaré sobrio, pero usted seguirá siendo igual de fea». Los historiadores que le son abiertamente favorables no dejan de reconocer su egocentrismo y su temeridad. Solía estar ebrio mientras tomaba unas decisiones políticas que tuvieron implicaciones en las décadas siguientes.

El otro no fumaba, era abstemio, vegetariano y además ferviente animalista (se dice que promulgó las primeras leyes de la historia que penaban el maltrato a los animales). No permitía a sus colaboradores fumar ni beber delante de él. Poseía un extraordinario carisma, capaz de seducir a las personas. Demostraba una faceta muy humana en presencia de niños. Gran autodidacta, era un lector empedernido, con más de 16.000 libros distribuidos en tres bibliotecas privadas. Los historiadores lo describen como carismático, amable, educado y encantador. Habría sido un ciudadano moderno ejemplar, al día en las normas del recato y la decencia.

Si analizamos ambos perfiles, podríamos pensar que el primero pasó a la historia como un desastre auténtico y una vergüenza para la humanidad, al contrario que el segundo, que parece un ser humano modélico.

Nada más lejos de la realidad. El primer personaje es uno de los mayores héroes reconocidos del siglo XX, sir Winston Churchill, y el segundo uno de los más importantes villanos de la historia, su gran antagonista y enemigo en la Segunda Guerra Mundial, Adolf Hitler. Me gustaría resumir estas vidas tan dispares en una idea:

Da igual lo que te haya ocurrido,
puedes hacer lo que sea con tu vida.

La historia está llena de personas que tuvieron infancias y juventudes terribles y luego lograron cosas asombrosas. Aquí tienes algunos nombres: Madonna, Leo DiCaprio, Winona Ryder, Jim Carrey, Jack Nicholson, Frida Kahlo, Edgar Allan Poe, Roman Polansky, Stephen Hawking, Franz Kafka, Kurt Cobain, Ludwig van Beethoven, Elvis Presley, Eminem, Vincent van Gogh o el mismísimo John Lennon.

Todos ellos vivieron experiencias durísimas, muchos incluso crecieron sin conocer ninguna otra alternativa más allá del dolor y sufrimiento. Y, aun así, consiguieron cambiar sus creencias, superar sus miedos, y lograr grandes metas en sus vidas.

Autoestima

Existen muchas definiciones de la autoestima, pero me gusta describirla como «aquello que piensas de ti». De hecho, realmente, «eres quien tú crees que eres». Tu cerebro se amolda a ello, se lo cree. Tus sistemas cerebrales adoptan como propios aspectos relacionados con la idea que tienes de tu persona. Esos módulos se convierten en los que se utilizan por defecto, de forma automática e inconsciente, cuando actúas. Son tus creencias. Quizás consideras que eso es imposible de cambiar, pero no es así. Lo único que ocurre es que hacerlo requiere esfuerzo y un plan como el que te propongo en este libro.

Muchísimas personas lo consiguen de forma natural, a veces en situaciones muy negativas de su vida. En una fascinante entrevista al actor Antonio Banderas, afirma que «el ataque al corazón que sufrió en 2017 fue lo mejor que le había pasado en su vida»[33]. Le hizo darse cuenta de que quería otras cosas que no estaba persiguiendo, como estar con su hija y sus amigos, o vivir en su ciudad, Málaga. Y dedicarse a aquello que le fascinaba: el teatro musical. Aunque le supusiera críticas negativas, pérdida de su patrimonio o que pudieran pensar que su carrera estaba de capa caída. Le daba igual. Parece una decisión sencilla, pero el cambio a nivel cerebral que se debe producir es tremendo. Y no lo produce un ataque al corazón: todo ese trabajo lo hace uno mismo, enfrentándose a sus creencias y hábitos, ordenando conscientemente las nuevas directrices que va a tener su vida. Seguro que a Antonio también le atacarían ANTs en su momento, por ejemplo, relacionados con las críticas que iban a verter algunas personas, o por supuesto, con el aspecto económico. Si algo ha demostrado la historia de la humanidad es que la ambición por el dinero no tiene límite, y el miedo a perderlo tampoco, se tenga el que se tenga.

Para conseguir una autoestima apropiada necesitarás, en primer lugar, coherencia en tu vida. Ya hablaremos de ella en el siguiente capítulo. Lo que ocurre es que, cuando realizas el ejercicio de cambiar en aquellos aspectos que ya sabes que quieres cambiar, te invade un miedo tremendo, causado por los sistemas cerebrales responsables de que no te coma un tigre. La única forma de eliminarlos es mediante la generación de nuevas conexiones neuronales, que crean nuevos sistemas cerebrales DE FORMA CONSCIENTE. Es decir, generando de forma personal, trabajando intensamente, los pensamientos mata-ANTs para luchar contra esas emociones producidas por sistemas que no son los de toma de decisiones, sino los encargados de las emergencias. La mente es la mejor aliada para luchar contra los malos hábitos. Debes involucrarla para que te ayude a centrar la atención de forma positiva, recableando y renovando el cerebro. La mente te brinda la oportunidad de seleccionar tus acciones, de decidir qué es o no importante y de reevaluar las creencias sobre personas o situaciones.

---

33. https://elpais.com/icon/2021-12-31/antonio-banderas-soy-un-democrata-respeto-la-decision-de-la-mayoria-pero-estamos-siendo-gobernados-por-muchas-minorias.html

Somos lo que nos decimos que somos

Me gustaría ahora que hicieras un experimento. Es un test de atención. Se trata de un video que se encuentra en YouTube y puedes encontrarlo poniendo en el buscador de esa página lo siguiente: «El pase invisible. Test de atención». Es un ejercicio creado por Daniel J. Simons (1999).

Es asombroso, ¿verdad? Encontrarás muchas versiones de ese video. La atención es una herramienta maravillosa. Te permite ver y estar totalmente enfocado en aquello que persigues, en tu objetivo, y el cerebro elimina otros detalles que le parecen irrelevantes con respecto al objetivo. En definitiva, lo viste, pero no lo percibiste. Luego lo veremos con más detalle.

Lo mismo pasa con lo que pensamos de nosotros mismos y con nuestro sistema de creencias. Nos ayudan a tomar decisiones rápidamente, son una magnífica herramienta para ahorrar energía. Pero también nos limitan. Un ejemplo, un tanto adolescente, es lo que ocurre cuando en esta época de la vida les sale a los jóvenes el más mínimo grano en la cara. Los demás no lo vemos, apenas se percibe, pero cuando se miran al espejo, es lo único que ven: «¡Mira, mira! Es un desastre, es enorme, ¿no lo ves?». Cuando pensamos en nuestras cualidades físicas, personales, en nuestra forma de ser o en nuestros logros, podemos caer en el mismo sesgo de percepción y estar viendo solo «el grano». Buscas constantemente observar esa «imperfección», ese «defecto» y obvias la gran mayoría de virtudes y belleza que hay en ti.

Vamos a por otro ejemplo. Un hombre puede pensar que, si se queda calvo, no ligará nada, no podrá encontrar pareja, será infeliz y se sentirá muy solo. Que se lo digan a Bruce Willis, seguro que no ha ligado desde que tenía 30 años, ¿no? La capacidad del cerebro para creer depende de lo que pienses. Existen grandes pensamientos limitantes con forma de ANT, dispuestos a que los abraces y no cambies nunca, para no tener que consumir energía. Uno de los principales es que ya eres muy mayor para hacerlo (esta frase se escucha de labios de personas de cualquier edad), que tú eres así, que llevas toda la vida actuando de esa forma. Como ya hemos visto, tu cerebro tiene la habilidad de cambiar y recablearse de forma natural, utilizando tu mente. Además, las nuevas neuronas que creas cada día pueden ser utilizadas para tu nuevo yo. Realmente, puedes convertirte en alguien distinto, en cualquier momento de tu vida puedes cambiar. Solo tienes que hacerlo conscientemente, con un plan, dedicándole tus pensamientos y argumentos en los momentos de toma de decisiones.

Aquí tienes a algunas personas que lograron llegar a la excelencia y alcanzaron el éxito y la fama a edades en las cuales la mayoría de las personas están pensando en jubilarse, o ya están totalmente retiradas:

- José Saramago. Este escritor portugués logró su gran éxito con su gran novela *Alzado del suelo* (1980) a sus 58 años. A partir de esta obra, Saramago publicó sin descanso, consiguiendo así consolidarse como un escritor de referencia.
- El Coronel Sanders. El fundador e imagen de una de las franquicias de comida rápida más grandes del mundo, Kentucky

Fried Chicken (KFC), comenzó a ser el «rey del pollo frito» a los 62 años.

- Penelope Fitzgerald, la gran escritora inglesa, publicó su primer libro rozando los 60 años. Cuando un editor la acusó de «aficionada», ella le espetó: «¿Cuántos libros tienes que escribir y cuantos puntos y coma tienes que descartar para dejar de ser amateur?». Fitzgerald era una persona tímida que sufrió varios naufragios en su vida. Acerca de sus peripecias escribió un puñado de novelas finalmente aclamadas que le valieron, entre otros premios, el prestigioso Booker Prize.
- María Galiana. La fabulosa actriz andaluza fue profesora de historia en un instituto sevillano hasta su jubilación. Su primer trabajo le llegó de manera fortuita, con más de 50 años.
- Mariví Bilbao. Aunque esta actriz vasca dedicó su carrera al teatro y al cine a nivel autonómico, le llegó la popularidad a los 73 años, debido a su papel en la serie de éxito *Aquí no hay quien viva.*

Pero no solamente los famosos lo consiguen, aquí tienes otros ejemplos:

- Carmen Dell'Orefice es una de las más hermosas y glamurosas mujeres del mundo. Sin embargo, a diferencia de muchas modelos, ella no tiene 25 años, ni siquiera tiene el doble de edad que la mayoría de mujeres exitosas en este mundo; ostenta, nada más y nada menos, que el título de ser la modelo más veterana del mundo, con 91 años. Carmen asegura que el amor todavía es uno de los métodos más eficaces para mantener su eterna juventud.
- Jeffrey Nash, un vendedor de trajes de hombres que vivía en Las Vegas, con 56 años estaba en un partido de fútbol de su nieta en un parque cuando observó a una joven madre que se agachaba, incómoda, para enseñar a su niño a caminar. Pensó en crear un caminador para bebé que pudiera guardarse en un bolso. Nash

vendió su casa y su coche para crear el caminador Juppy, el que fue el gran logro de su vida a nivel laboral.

- Tim y Nina Zagat, con 58 y 60 años, eran una pareja de abogados que compartían la pasión por una buena comida. Hartos de ser engañados por evaluaciones de restaurantes de críticos que no tenían ni idea, optaron por crear sus propias guías de restaurantes basándose en las opiniones de aquellos en quienes ellos más confiaban: sus amigos. Ese fue el humilde comienzo en 1979 del imperio editorial Zagat, ahora propiedad de Google.
- Owen Finlay Maclaren, piloto durante la Segunda Guerra Mundial e ingeniero aeronáutico inglés, con 60 años, casi a punto de retirarse, observó cómo su hija se peleaba con el cochecito de su primera nieta Anne cada vez que salía de casa a dar un paseo. Decidió utilizar sus conocimientos en materiales y diseño aeronáutico para crear la primera silla Maclaren. Falleció 13 años después, con un imperio de sillas infantiles distribuido por todo el mundo.

Cuando hablamos de creencias ocurre realmente que creer es ver. Los pensamientos generan emociones y estos, a su vez, pensamientos. Y así la rueda continúa. La realidad se crea con ellos: vemos lo que queremos ver[34]. Con esto me refiero a que nuestro cerebro, una vez más, ¡cómo no!, está pensando en ahorrar energía y prefiere ver el mundo que le rodea de forma coherente con las ideas que se ha creado, y así evitar pensar en exceso. Por eso, de manera inconsciente y natural, presta atención a aquellos estímulos que muestran la realidad acorde con las creencias que hemos adoptado en nuestras vidas. Si estamos ante una situación y debemos sacar conclusiones sobre la misma, nos fijaremos en los estímulos que nos lleven a un diagnóstico acorde con nuestras creencias.

Por ejemplo, si creemos que la situación económica es mala, nos llamarán la atención consciente los estímulos que sean acordes con esta

34. Eberhardt, J. L., Dasgupta, N. y Banaszynski, T. L. (2003).

realidad, como las personas que han perdido el trabajo, las empresas que han cerrado o los malos datos macroeconómicos de deuda o déficit público. Los pequeños brotes verdes que pudieran aparecer no existirán para nosotros, porque nuestro cerebro, literalmente, los elimina de la lista de estímulos que merece la pena considerar. Volvamos ahora al experimento del test de atención. Espero que hayas podido hacerlo sin que nadie te hiciera *spoiler*. Por si no has podido realizarlo, te lo describo. Se presentan dos equipos de baloncesto, uno con camiseta blanca y el otro con negra, cada uno de 3 integrantes. La tarea consiste en contar los pases que se dan los jugadores del equipo blanco, obviando los que da el equipo negro. Nuestra mente está centrada en una tarea compleja. En un momento determinado, aparece una persona andando tranquilamente, disfrazada de gorila. Se planta en medio del escenario y se golpea el pecho. Seguidamente, se marcha andando pausadamente de la escena. Es impresionante destacar que, aproximadamente el 58 % de las personas que realizan el test literalmente no ven el gorila en un escenario en el que es tan poco probable que aparezca. Como el cerebro necesita los recursos visuales para contar y esquivar del contador mental los pases del malvado equipo negro, no ve oportuno llamar la atención del consciente sobre un gorila vacilón que se golpea el pecho, sin mostrar agresividad alguna.

Que vemos lo que creemos puede producir trastornos preocupantes, como la vigorexia o la tanorexia. La vigorexia es un trastorno mental en el que la persona afectada se obsesiona por su estado físico, afectando a su conducta alimentaria y a sus hábitos de vida. Quienes lo sufren nunca ven su cuerpo lo suficientemente atlético. La tanorexia se define como una adicción obsesiva al bronceado, que hace que las personas se sometan a sesiones intensas y prolongadas, tanto de exposición al sol como utilizando cabinas UVA; pero nunca llegan a obtener el tono deseado, no se ven morenas. En ambos casos, las fuertes creencias llevan a distorsionar la realidad que perciben, y a verse a sí mismas de una forma totalmente irreal.

Cuando en el día a día le llegan al cerebro señales no acordes a sus creencias asimiladas durante años, evita tomarlas en consideración y «molestar» con ellas a la conciencia. Ahora es cuando viene lo bueno... ¿y si alguien quisiera beneficiarnos y nos ayudara a conseguir creencias que nos permitiesen ser felices? Pues si se trata de personas a las que damos importancia en nuestras vidas... ¡seguramente lo conseguirían! Gracias al efecto Pigmalión[35], conocido también como «profecía autocumplida», que consiste en la influencia que una persona puede ejercer sobre otra, basada en la imagen que tiene de ella. Sus creencias podrán influir en el rendimiento de la otra persona, dado que esta buscará que sus expectativas se hagan realidad con conductas que tiendan a confirmarlas. Por ejemplo, si unos padres creen que su hija llegará a ser un genio del ajedrez, se lo dicen sin parar, actúan en consecuencia, apoyan, y emiten de forma continua las señales y mensajes en esa dirección, la niña tenderá a cumplir esa profecía que han emitido sobre sus posibilidades.

35. Rosenthal, R. (1973).

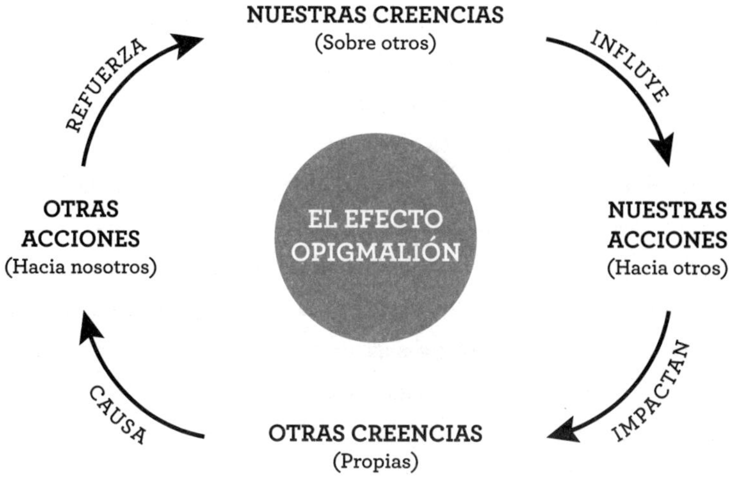

Como bien dice la frase de Jean Cocteau, la niña lo hizo porque no sabía que era imposible. Los pensamientos limitantes sobre nosotros mismos son nuestro mayor obstáculo para conseguir metas realmente impresionantes. Cuando una persona cree que puede lograr algo porque sus referentes así se lo comunican, no se da cuenta de la tremenda dificultad de lo que está consiguiendo. Existen innumerables ejemplos de la aplicación del efecto Pigmalión, por ejemplo, en los estudios o el deporte; pero déjame contarte el experimento original que llevaron a cabo sus «descubridores», Robert Rosenthal y Lenore Jacobson, en 1968. Con el objetivo de comprobar el efecto que tenían las expectativas de los profesores sobre los estudiantes en el resultado de su aprendizaje en el colegio que dirigía Lenore Jacobson, realizaron en los cursos, desde primero hasta sexto, un test de inteligencia que denominaron «Test de Harvard de Adquisición Conjugada». La realidad era bien distinta, pues no era más que un test que demostraba algunas aptitudes, pero nada que ver con la inteligencia de los estudiantes[36].

Tras realizar el test, reunieron al profesorado para informarle de que ciertos grupos habían obtenido mejores resultados, demostrando una

36. Rosenthal, R. y Jacobson, L. (1968).

mayor inteligencia, y afirmando también que, al finalizar el curso, seguramente dichos alumnos obtendrían mejores calificaciones y resultados que el resto. La realidad fue que ese grupo del 20 % de alumnos había sido elegido completamente al azar. Transcurrido un tiempo desde la realización del test, se midió el incremento de inteligencia de cada uno de los grupos, y el resultado del grupo de los estudiantes considerados «especiales» fue significativamente muy superior al de los «normales». Ser tratados como personas de inteligencia superior a la media, había conseguido que esos estudiantes también obtuvieran unos mejores resultados.

Un primo hermano del efecto Pigmalión es el efecto Galatea[37]. Se refiere a la capacidad que tenemos como individuos de creer en nuestras habilidades para, de esta forma, multiplicar las probabilidades de alcanzar un determinado objetivo. Defiende que nuestra autoestima determina en gran medida las capacidades que podamos desarrollar. Además de generar un cambio en el individuo, el efecto Galatea afecta a nivel social, pues nuestra propia percepción se refleja en cómo nos percibirá el entorno. Si una persona cree que es capaz de conseguir un logro deportivo, los miembros de su equipo empezarán a creer que tiene las capacidades y aptitudes necesarias para hacer frente al desafío.

Una vez más, creer es ver. Ya sea porque esta convicción nazca de dentro de la persona o porque sus referentes así se lo hagan ver.

Lo que la mente cree, el cuerpo lo experimenta. Nuestras creencias pueden tener un efecto tan fuerte que pueden incluso curarnos de enfermedades. El efecto placebo[38] se basa en la mejora o la desaparición de los síntomas de una enfermedad mediante un tratamiento que no tiene propiedades curativas reales. Los pacientes experimentan una mejoría de los síntomas tomando una sustancia inocua, y es la mente la encargada de convencer al organismo de esos efectos positivos del medicamento, que en realidad son inexistentes. Los pacientes no saben

---

37. McNatt, D. B. y Judge, T. A. (2004).

38. Benedetti, F. (2020).

que están siendo tratados con sustancias sin propiedades curativas, pero tienden a mejorar en una proporción similar a la mejora ocasionada por un medicamento real.

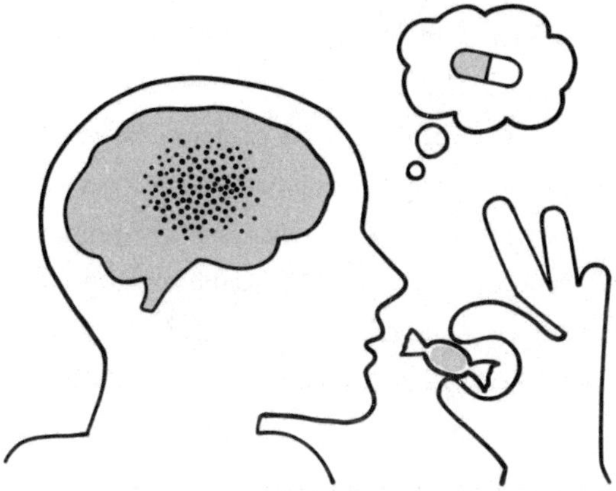

Este efecto está tan ampliamente aceptado por la comunidad científica que, cuando se prueba un medicamento para introducirlo en el mercado, siempre se utiliza un grupo de control al que se le dan unas pastillas absolutamente inocuas, y en ocasiones sucede que curan mejor que los propios medicamentos. La fuerza de las creencias de la mente es tal que ordena al propio cerebro que comience el proceso de curación de la enfermedad mediante los medios naturales… ¡y lo consigue!

La realidad y tus creencias sobre tu persona y tu entorno hacen que tu cerebro trabaje para llegar a esa situación. Sean positivas o negativas, tu mente se pone manos a la obra para obtenerlas. Las imágenes que generas acerca de cómo es la vida a tu alrededor te afectan de tal forma que solo ves aquello que las corrobora, y aunque el gorila se dé golpes en el pecho o te grite: «¡Despierta!», si sigues generando imágenes negativas de tu persona o de tu mundo, no lo verás.

Y puesto que es de las pocas cosas gratis en el mundo, ¿por qué no ser optimistas? Si generas un escenario amable de tu vida, con ilusiones y sueños, avanzarás hacia esa situación.

Optimismo y ciencia

¿Qué nos dice la ciencia sobre el optimismo? Ante cada acción, nuestro cerebro espera una respuesta del entorno[39]. Recibe una señal que compara la realidad de lo ocurrido con ese escenario imaginado. Si observa que son diferentes, ya sea para mejor o peor, aprende a ajustar las expectativas. Tenemos en el cerebro dos zonas diferenciadas responsables de los ajustes, una para los optimistas y otra para los pesimistas. Cuando recibimos una señal de que el mundo es mejor de lo que pensamos, el cerebro, utilizando el mecanismo del optimismo, cambia las expectativas con facilidad y adecúa el escenario a la nueva realidad. Por ejemplo, voy a una entrevista de trabajo en la que creo que va a haber muchísimas personas, y resulta que solo hay tres candidatos. Mi cerebro rápidamente deja de ver como una quimera la posibilidad de conseguir el puesto y eleva las expectativas de lograrlo. Este sistema de «ajuste positivo» es similar en todo el mundo, pues todos actuamos de forma muy parecida cuando descubrimos que el mundo es mejor de lo que pensábamos. En cambio, el sistema de «ajuste negativo» varía mucho entre las distintas personas. En algunas, el ajuste es atenuado y, aunque la realidad se muestre negativa, apenas cambian su visión «optimista» del mundo, no ven que las cosas estén peor. No hacen caso de las malas noticias, las ignoran. Para ellos son solamente un mono entre jugadores de baloncesto. En las personas pesimistas, este sistema de «ajuste negativo» está amplificado, y aprenden a rebajar mucho las expectativas para la próxima vez.

39. Sigman M. (2019).

Todos somos igual de optimistas, pero variamos en nuestro pesimismo. Lo bueno de este asunto, como ya hemos observado, es que nuestro cerebro está hecho para cambiar. Si tú no eres optimista, si no ves lo positivo de esta vida, si tus creencias te llevan a ver el lado oscuro de tu realidad, puedes terminar con ese tú, puedes cambiar. Si decides hacerlo, tu cerebro reutilizará neuronas mediante neuroplasticidad o dedicará las que genera mediante neurogénesis para crear un módulo nuevo que redefinirá tus «ajustes negativos». Cuando lo hayas utilizado el tiempo suficiente, se convertirá en el que emplees de forma inconsciente y, literalmente, te habrás convertido en una persona optimista. Tu mente cambiará.

Los optimistas son simplemente menos pesimistas. Que su visión de la realidad esté sesgada de forma positiva, lejos de ser un problema se convierte en una gran bendición. Los escenarios que maneja su mente son de alegría, logro, éxito. El efecto Galatea se dispara. Su mente se pone a trabajar mediante el aprendizaje por error de predicción. Creen que pueden y por ello ven que pueden. Son las personas que consideramos locas porque creen que pueden conseguirlo. Y lo consiguen.

Para terminar, te propongo unos ejercicios para ayudarnos a prestar atención a la realidad y elegir aquella que consideramos más apropiada, la que nos hará más felices.

Ejercicio de atención a la realidad 1

Reconoce cinco sonidos diferentes que estés escuchando ahora mismo. Detalla si te producen alguna emoción.

Sonido 1 ____________________

Emoción 1 ____________________

Sonido 2 ____________________

Emoción 2 ____________________

Sonido 3 ____________________

Emoción 3 ______________________________

Sonido 4 ______________________________

Emoción 4 ______________________________

Sonido 5 ______________________________

Emoción 5 ______________________________

Ejercicio de atención a la realidad 2

Cierra los ojos y encuentra una sensación que tengas ahora mismo en tu cuerpo. Describe si es agradable o desagradable.

____

____

____

____

____

____

Escucha tu canción favorita, con los ojos cerrados, sin hacer nada más. Describe las emociones y pensamientos que has experimentado mientras lo hacías.

____

____

____

____

____

____

Ejercicio de atención a la realidad 3

Haz una lista de 5 cosas que se te dan muy bien.

1 ____________________

2 ____________________

3 ____________________

4 ____________________

5 ____________________

Ejercicio de atención a la realidad 4

Piensa en 5 problemas que tienes actualmente. Define una estrategia para convertir cada uno de ellos en una oportunidad.

Problema 1 ____________________

Estrategia ____________________

Problema 2 ____________________

Estrategia ____________________

Problema 3 ____________________

Estrategia ____________________

Problema 4 ____________________

Estrategia ____________________

Problema 5 ____________________

Estrategia ____________________

Ejercicio de atención a la realidad 5

Describe 3 situaciones de tu día a día que te molestan especialmente. Establece, para cada una de ellas, una acción para tomártela con buen humor.

Situación 1 ______________________________

Acción para tomármelo con humor ______________________________

____

Situación 2 ______________________________

Acción para tomármelo con humor ______________________________

____

Situación 3 ______________________________

Acción para tomármelo con humor ______________________________

____

Ejercicio de atención a la realidad 6

Haz una lista de las 3 personas más optimistas que conozcas.

Persona optimista 1 ______________________________

Persona optimista 2 ______________________________

Persona optimista 3 ______________________________

Ahora establece un plan para quedar y tomarte algo con cada una de ellas. O mejor, llámalas sin más. Tenerlas en tu vida es un tesoro.

7
Te presento a alguien interesante que merece la pena conocer... ¡Tú!

Trabajar duro es importante, pero hay algo que importa más: creer en ti mismo.

HARRY POTTER, en *Harry Potter y la orden del Fénix*

Había una vez una rana sentada en la orilla de un río, cuando se le acercó un escorpión y le dijo:

—Rana, ¿puedes ayudarme a cruzar el río? Podrías llevarme a tu espalda.

—¿Que te lleve a mi espalda? —contestó la rana—. ¡Ni pensarlo! ¡Te conozco! Si te llevo a mi espalda, sacarás tu aguijón, me picarás y me matarás. Lo siento, pero no puede ser.

—No seas tonta —le respondió entonces el escorpión—. ¿No ves que si te pincho con mi aguijón te hundirás en el agua y que yo, como no sé nadar, también me ahogaré?

Y la rana, después de pensárselo mucho se dijo a sí misma:

«Si este escorpión me pica a la mitad del río, nos ahogamos los dos. No creo que sea tan tonto como para hacerlo».

Y entonces, la rana se dirigió al escorpión y le dijo:

—Mira, escorpión. Lo he estado pensando y te voy a ayudar a cruzar el río.

El escorpión se colocó sobre la resbaladiza espalda de la rana y empezaron juntos a cruzar el río.

Cuando habían llegado a la mitad del trayecto, el escorpión picó con su aguijón a la rana. De repente la rana sintió una fuerte punzada. Y mientras ambos se ahogaban, sacó las últimas fuerzas que le quedaban para decirle:

—No entiendo nada… ¿Por qué lo has hecho? Tú también vas a morir.

Y, entonces, el escorpión la miró y le respondió:

—Lo siento rana. No he podido evitarlo. No puedo dejar de ser quien soy, ni actuar en contra de mi naturaleza, de mi costumbre y de otra forma distinta a como he aprendido a comportarme.

Fábula de la rana y la serpiente. Cuento tradicional africano.

Esta magnífica fábula nos muestra lo insensatos que somos a veces permitiendo que otras personas nos convenzan para hacer cosas que sabemos que nos van a hacer daño, que no deberíamos hacer. Te llama una amiga, una de esas personas que sabes que es una auténtica «roba energía», para salir a tomar algo. A pesar de que siempre que quedas con ella vuelves a tu casa como si te hubiera aplastado un piano de cola caído desde el noveno piso, no sabes por qué razón te produce lástima. Quedas con ella, y el resultado es… que te sientes luego como un gusano aplastado por una hormigonera.

Si nos ponemos en la piel del escorpión la cosa no mejora demasiado. Resulta que no puede evitar ser él mismo, hasta el punto en el que acaba muriendo por ser fiel a su propia naturaleza. Si eres alguien a quien le gusta la soledad —a no ser que quieras cambiar porque necesitas más vida social o simplemente estar con personas distintas—, seguramente no sea una buena idea forzarte a estar siempre rodeado de gente. Ahora sería el momento de preguntarte…

¿Cuál es tu naturaleza? ¿Qué buscas, qué quieres?
¿Qué cambiarías?

Conocerse como persona es fundamental para llevar una vida feliz, con una sana autoestima, una actitud positiva ante el futuro y con los sueños apropiados para ti. La clave del cambio que necesitas radica en planificar para conseguir hábitos unidos a creencias. Si sabes cómo eres, y dónde te gustaría llegar o cómo te gustaría ser, puedes decidir qué cambiar. Empieza por realizar un pequeño cambio y cuando ya tengas la técnica controlada, podrás hacer varios de golpe.

Te voy a proponer ahora algunos ejercicios de autoconocimiento, sobre los que puedes trabajar para ayudarte a definir en qué necesitas cambiar para ser feliz. No existen respuestas correctas ni incorrectas, nadie te está juzgando. Esta es tu hoja de ruta y te servirá en la medida que respondas con sinceridad, sin sentimientos de culpa ni de vergüenza.

Ejercicio de autoconocimiento 1

Escribe los 5 rasgos más importantes de tu personalidad y explícalos brevemente, con un par de frases. Por ejemplo:

«Sensible. Soy una persona con sentimientos vivos y me afecta lo que pueden decir o hacerme otras personas. Pero también experimento una gran empatía con las emociones de los demás, lo que me hace ser buen amigo, hijo o hermano».

Rasgos de mi personalidad:

1. ______________________________

____

____

____

2. ____

____

____

____

3. ____

____

____

____

4. ____

____

____

____

5. ____

____

____

____

Cuando hayas terminado, debes pedirle a la persona que crees que mejor te conoce (tu madre, padre, hermano o hermana, mejor amiga...) que haga exactamente lo mismo. Que escriba los 5 rasgos principales que te definen. Puedes ponerle el ejemplo que te he escrito más arriba.

Cuando tengas los dos ejercicios, llega el momento de comparar. Si habéis coincidido en 4 o 5, es que tienes un gran autoconocimiento. Si es en 2 o 3, vas por el buen camino, pero tienes trabajo por hacer. Si es en 1 o ninguno... tienes que ponerte desde ya a investigar sobre ti, a conocerte. Si quieres, puedes pedirle a la segunda persona que mejor te conozca de este mundo que también lo haga, y así los resultados externos se corroboran con dos opiniones muy fundadas.

Ejercicio de autoconocimiento 2

Haz una lista de 10 cosas que te producen cada una de estas emociones: alegría (placer), tristeza, enfado y asco.

ALEGRÍA (PLACER)	TRISTEZA	ENFADO	FRUSTRACIÓN

Ejercicio de autoconocimiento 3

Imagínate dónde vas a estar dentro de 5 años. Escribe cuál será tu situación en los siguientes aspectos de tu vida: personal, económico y laboral.

En 5 años objetivamente estaré así:

En lo personal:

____

____

____

____

____

En lo económico:

En lo laboral:

Ahora, describe dónde TE GUSTARÍA ESTAR en cada uno de esos aspectos dentro de 5 años.

En 5 años me gustaría estar así:

En lo personal:

En lo económico:

En lo laboral:

Responde a las siguientes preguntas:

¿Qué pasos necesitas dar para comenzar el camino que te llevará a cada situación que te gustaría alcanzar?

Ejercicio de autoconocimiento 4

Haz una lista de 3 deseos que siempre has tenido, que siempre has querido conseguir y que no has logrado. Pueden estar relacionados con cualquier aspecto de tu vida: personal, económico, laboral, familiar…

Deseo 1

____

____

____

____

Deseo 2

____

____

____

____

Deseo 3

____

____

____

____

Ahora, para cada uno de ellos, responde a las siguientes preguntas:

Deseo 1

¿Cuánto dolor te produce no haberlo conseguido? (califícalo de 1 a 10)

____

¿Qué emoción te provoca pensar en él? (puedes ponerlo en el mapa de las emociones)

____

____

____

____

¿Cómo podrías dedicar más tiempo a conseguirlo?

¿Qué acciones puedes realizar desde ya para estar en el camino de cumplirlo?

Deseo 2

¿Cuánto dolor te produce no haberlo conseguido? (califícalo de 1 a 10)

¿Qué emoción te provoca pensar en él? (puedes ponerlo en el mapa de las emociones)

¿Cómo podrías dedicar más tiempo a conseguirlo?

¿Qué acciones puedes realizar desde ya para estar en el camino de cumplirlo?

Deseo 3

¿Cuánto dolor te produce no haberlo conseguido? (califícalo de 1 a 10)

¿Qué emoción te provoca pensar en él? (puedes ponerlo en el mapa de las emociones)

¿Cómo podrías dedicar más tiempo a conseguirlo?

¿Qué acciones puedes realizar desde ya para estar en el camino de cumplirlo?

Escribe el nombre y la relación de 3 personas con las que sabes que puedes contar para ayudarte a cumplir estos deseos:

1 ____

2 ____

3 ____

Ejercicio de autoconocimiento 5

Responde a las siguientes preguntas:

Si tu vida fuera una película, define: nombre de la película, qué actriz o actor interpretaría tu papel, y explica brevemente qué ocurre, desde el principio hasta el fin de la misma.

¿Qué 3 cosas que nunca hiciste te gustaría probar?

Describe un logro que has conseguido y que para ti es muy importante. Puede ser una decisión a nivel personal (como una relación que terminaste porque te estaba dañando), laboral o económica.

Te propongo una serie de preguntas sobre 6 áreas distintas:

Felicidad

¿Cómo defines la felicidad?

____

____

____

____

¿En qué periodo o periodos de tu vida has sido más feliz? ¿Por qué?

____

____

____

____

¿Eres feliz ahora mismo? ¿Por qué?

____

____

____

____

Un propósito es el motivo principal que mueve la vida de una persona. ¿Tienes una motivación para levantarte cada mañana o sientes que tu vida funciona en piloto automático? ¿Cuál es tu propósito vital?

____

____

____

____

Relaciones sociales

¿Qué cualidades debe tener una persona para que disfrutes pasando el tiempo con ella?

¿Disfrutas con tus amistades o lo son porque no encuentras el tipo de personas con las que te gustaría realmente mantener una amistad? ¿Por qué?

¿Sientes soledad? ¿Por qué?

¿Buscas activamente conocer nuevas personas o esperas que tu vida, tu trabajo y tus estudios te lleven a conocer nuevas personas?

Pareja

Si no estás en una relación...

Describe específicamente las características esenciales de tu pareja ideal.

____

____

____

____

¿Qué estás haciendo para encontrar a la persona que acabas de describir?

____

____

____

____

¿Cómo te sentirías si tuvieras que vivir el resto de tu vida sin pareja? ¿Por qué?

____

____

____

____

Si ya estás en una relación...

¿Estás plenamente satisfecho con tu relación? ¿Por qué?

____

____

____

____

¿Qué cualidades de tu pareja te gustan? ¿Cuáles cambiarías?

¿Te has planteado alguna vez terminar la relación? ¿Por qué?

Emociones

¿Cómo defines el amor?

¿Qué es lo que te causa más miedo? ¿Por qué?

¿Puedes reconocer y controlar tus emociones o te dejas llevar por ellas? Pon 3 ejemplos de ocasiones en las que las controlas y 3 en las que no lo haces.

Controlo:

1 ____

2 ____

3 ____

No controlo:

1 ____

2 ____

3 ____

Trabajo

¿Qué objetivo tiene para ti tu trabajo? ¿Te gustaría que fuese otro?

¿Estás satisfecho con tu ocupación actual?

¿Sientes que tus habilidades están siendo bien usadas?

¿Cómo escogiste dedicarte a tu profesión o carrera actual?

¿Te dedicarías a otra cosa si supieras sin ningún género de dudas que podrías ganar el mismo dinero que ganas actualmente?

Dinero

¿Qué representa el dinero para ti?

¿Te gustaría ganar más dinero? ¿Para qué?

¿De qué forma te haría eso más feliz?

___

___

___

___

¿Crees que podrías ganar 10 veces más de lo que ganas ahora? ¿Por qué? ¿Por qué no?

___

___

___

___

Ejercicio de autoconocimiento 6

La rueda de la vida es una herramienta que facilita la visión gráfica de los aspectos que componen tu vida, y del grado de equilibrio y satisfacción en relación con cada uno. Ideada por Paul J. Meyer, es un ejercicio que ayuda a tomar conciencia del momento vital en el que te encuentras y qué aspectos deberías mejorar para aumentar tu felicidad.

Para hacer el ejercicio, sigue los siguientes pasos:

1. Representa las distintas áreas en un círculo

Divide el círculo en diferentes segmentos o porciones, que representan las áreas más importantes de tu vida. Puedes colocar las que creas conveniente según tu criterio.

Algunas de las habituales que se suelen representar son las siguientes: amigos, dinero, amor, salud, conocimiento personal, trabajo, ocio, familia...

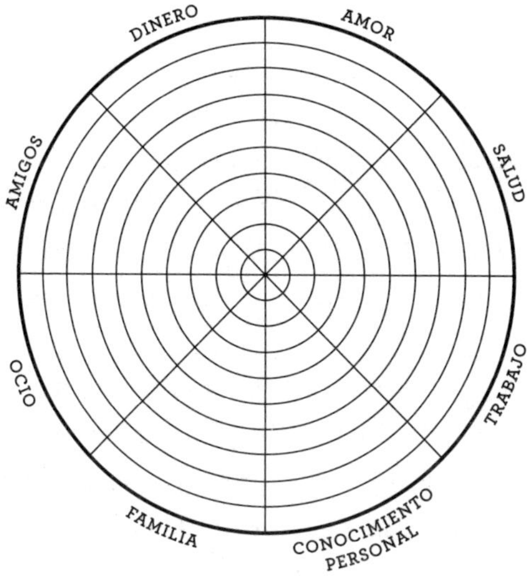

2. Puntúa cada área

Valora cada uno de los aspectos que has elegido según el grado de satisfacción que sientes, de 1 a 10. Cuanto más baja sea la puntuación, se encontrará más hacia el centro, y cuanto más elevada más cerca del exterior. Rellena los espacios hasta el punto de valoración que has elegido, y si quieres pintar poner cada uno de un color diferente.

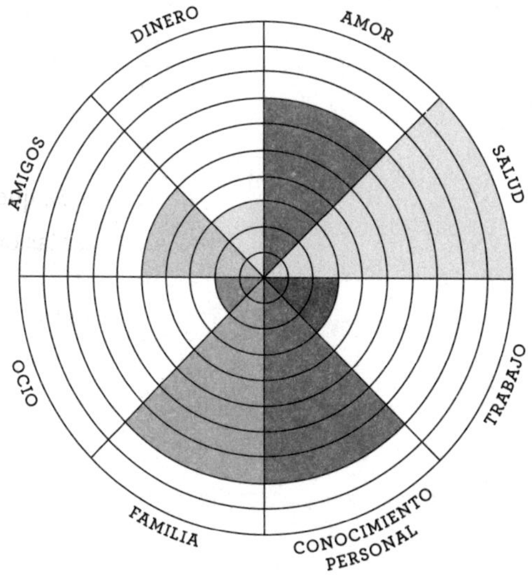

3. Análisis

Cuanto más armónico y parecido a un círculo sea el dibujo resultante, mayor equilibrio tendrá tu vida. Si la forma resultante es irregular, significa que algunas áreas importantes tienen que ser trabajadas para aumentar tu felicidad en ese campo. Si ese es el caso, no te preocupes, es habitual que el dibujo resultante tenga áreas con distinta valoración, y debes afrontarlo como una oportunidad para mejorar.

Espero que estos ejercicios de autoconocimiento te hayan ayudado a recapacitar sobre dónde estás, cómo eres, cómo querrías ser, y adónde te gustaría llegar. También habrás podido identificar qué aspectos de tu vida no te aportan la felicidad que quieres alcanzar, para que los cambies con la ayuda de este libro.

Volvemos ahora a nuestro documento del plan de cambio. Si vas a la primera columna, tenemos el concepto «aspecto a cambiar». Me gustaría que comenzaras por 3 situaciones que te gustaría modificar en tu vida, pueden ser de cualquier tipo. Recuerda que, cuanto más estratégico e importante sea el cambio, más tiempo deberás concederte para realizarlo.

Ahora ha llegado el momento de escribirlos y rellenar cada una de las columnas de la tabla de tu «plan de cambio». Te propongo algunos ejemplos por si te pueden servir:

Ejemplo de cambio 1

Quieres modificar algunos aspectos de la relación con tus amistades. Consideras que tienes una actitud demasiado sumisa, y crees que no te toman en consideración lo suficiente. Casi nunca te preguntan acerca de lo que te apetece hacer, y las pocas veces que expresas tu opinión acabáis haciendo otro plan. Cuando eso ocurre, piensas que no te quieren lo suficiente, que están contigo por lástima, porque les das pena. Después de meditarlo de manera consciente y racional, observas que tus amistades llevan mucho tiempo ayudándote cada vez que lo has necesitado, que siempre han estado ahí. También consideras que sueles expresar tu opinión de una forma tímida y que muchas veces ni siquiera dices lo que piensas, sino que simplemente te molestas porque no te preguntan. Ves que tus amistades tienen un carácter muy expeditivo y que, si no dices nada, es normal que se les ocurran otros planes, y que acabéis haciendo otras cosas. Te propones incrementar tu asertividad, opinar más a menudo, y proponer hacer a veces lo que a ti te guste. Cuando estés con tus amistades y te apetezca hacer algún plan, en vez de dejarte llevar debes utilizar tu razón para invocar las razones objetivas de tu pensamiento mata-ANT: te quieren, y tú debes mostrar más asertividad.

Ejemplo de cambio 2

Observas que la relación con tu pareja se está deteriorando por tus celos irracionales (aquellos que surgen sin ningún motivo real). Te despiertan una emoción de abandono o rechazo por parte de la persona que más quieres, algo realmente difícil de describir y asimilar por tu parte. Tus pensamientos negativos tienen que ver con el miedo a la pérdida, con inseguridades y sospechas. Al analizar detenidamente la situación, adviertes que a su alrededor hay personas que querrían sustituirte en tu relación, pero que eso no es culpa de tu pareja, que nunca ha dado pie a nada con nadie y que siempre procura que te sientas como la persona más importante del mundo. Te planteas que, cuando llegue ese pinchazo de celos irracionales, en vez de dejarte llevar por esas emociones dolorosas y nada realistas, acudirás de forma consciente al pensamiento de que siempre has sido lo más importante para tu pareja.

Ejemplo de cambio 3

Desde hace algún tiempo, y como ya hemos visto con el ejemplo del ascensor, tu jefe te aterra. Es una persona de un humor muy variable y crees que, a ti personalmente, te trata de una forma especialmente brusca. Cada vez que te lo encuentras, aprovecha para soltarte algún reproche por las causas más absurdas, y te despierta una emoción de intenso miedo. Al principio, porque pensabas que te podía despedir si tenía un mal día, y ahora es su sola presencia la que te provoca ganas de salir corriendo. En lugar de ello, te comprometes a no dejarte llevar por las emociones previas, y a pensar de forma razonable sobre la situación. Si tu jefe tiene ese carácter, es su problema. Tú haces tu trabajo lo mejor posible, siempre tienes buena actitud y das lo máximo de ti. Además, has visto que a otras personas también las trata de la misma forma, y descubres que no es personal. Te comprometes a que su malhumor no modifique tu estado de ánimo, no cambie tus emociones, y así, cuando lo veas, vas a pensar que es su forma de ser, que no es nada personal, y que seguirás con buen ánimo, aunque te lo cruces 100 veces.

Poniéndolo en la tabla, con unos valores de valencia e intensidad como ejemplo, quedaría así:

ASPECTO A CAMBIAR	DESCRIPCIÓN DE LA EMOCIÓN	VALENCIA	INTENSIDAD	ANT-DESPERTADA	PENSAMIENTO MATA-ANT
Relación con amistades	Abandono, indiferencia	3	7	No me quieren	Siempre me ayudan, me quieren
Celos irracionales	Inseguridad, miedo a la pérdida	1	9	Abandono de mi pareja	Soy lo más importante y lo demuestra
Relación con jefe	Miedo a su presencia	3	6	Siempre me regaña, me puede despedir	Lo hace con más gente, no va a cambiar mis emociones

Lo que me gustaría que hicieras ahora es que volvieras a las emociones que calificaste en el capítulo 4, y que describieras en qué ocasiones sueles sentir cada una, y si consideras que sentir esa emoción es natural en ese momento o si te gustaría cambiarla (regularla). Si crees que sí debes hacerlo, puedes ponerlas en el plan de cambio que acabamos de elaborar. Cada uno tiene unas emociones distintas, y lo importante es que veas si encuentras satisfacción, lógica y coherencia cuando las sientes o si quieres cambiarlo. Busca momentos de tu vida, como las relaciones con tu pareja o amistad, el trabajo, la familia, lo que piensas cuando te encuentras solo o sola, etc.

EMOCIÓN	OCASIÓN/ES	NECESIDAD REGULACIÓN
Admiración	Cuando tomo café con mi padre	NO
Ansiedad	Cuando pienso por qué no tengo pareja	SÍ
Hiraeth	Cuando me quedo solo y pienso en mi vida	SÍ

Principio de coherencia

Si lo que piensas, lo que dices, lo que haces y lo que sientes van en la misma dirección, encuentras coherencia. Si no ocurre esto, se produce distorsión, que se refleja en una pérdida de eficacia en el desempeño o en tu capacidad para ser feliz en la vida, dependiendo de si es la parte racional o la emocional la que salga perjudicada. La coherencia produce plasticidad genética[40].

La epigenética es la disciplina que estudia los mecanismos que regulan la expresión de los genes. Establece la relación entre las influencias genéticas y ambientales que determinan un fenotipo (tus rasgos físicos y conductuales). Se ha descubierto que la coherencia produce la activación de algunos genes de tu ADN relacionados con lograr conductas que te llevan a ser más feliz. Es como en un partido de fútbol, cuando sale un jugador y entra otro. Al cambiar, activas unos genes tuyos distintos.

40. Singer, W. (2009). Wallace, L. (2015).

Para comprender lo que es la coherencia, me gustaría que hiciéramos un pequeño ejercicio. Te voy a poner en una situación en la que seguramente hayas estado. Te encuentras en un mercado o en una tienda, esperando a que te atiendan, y tienes a 4 personas por delante. De repente, alguien intenta colarse y se pone delante de ti. Describe:

¿Qué es lo que sientes?

¿Qué es lo que piensas?

¿Qué es lo que dices?

¿Qué es lo que haces?

____

____

____

____

____

Es importante destacar que no existe una solución correcta ni errónea en esta situación (salvo sacudir con el paraguas a la persona que se coló, pero eso obviamente no es lo apropiado). Me refiero a que a algunas personas no les importa, a otras sí... el caso es que exista coherencia con los 4 aspectos. ¿Has sido coherente?

Me gustaría ahora que pensaras en alguna situación similar en la que no mantienes coherencia. Vuelve a realizar el anterior ejercicio pensando en ella. ¿Qué crees que podrías hacer al respecto? ¿En qué podrías cambiar?

Las emociones son adaptativas respecto al entorno. Algunas, cuando se quedan, evitan la actividad normal, que es estar atento a lo que nos ocurre, reaccionar con naturalidad, pensando, sintiendo, haciendo y diciendo en la misma dirección. En estas circunstancias se derrumban tu seguridad y tu autoestima, mandas mensajes contradictorios a tu mente, y la pobre se siente como si le estuvieran tirando de un brazo hacia un lado y del pie hacia otro.

Por otra parte, debes tener cuidado con los consejos (seguramente bienintencionados) que te dan las personas de tu entorno. Te escuchan e integran lo que les has contado en sus estructuras cerebrales. Por ello, seguramente te ofrecerán soluciones basadas en su personalidad, sus emociones y sus experiencias, puesto que todos tenemos un cerebro distinto, con nuestros valores y creencias. Puedes buscar apoyo y consejos como una fuente de soluciones posibles y luego pensar cuál de ellas se adapta más a ti (si es que encuentras alguna opción que lo haga). Lo que necesitas de tu entorno es apoyo para los cambios que vas a poner en marcha, pero eres tú quien va a definirlos y ejecutarlos. Puedes hacerlo, tienes herramientas, y lo vas a conseguir. Es normal que, ante el inminente esfuerzo de cambio, alguna vez sientas miedo. El cerebro reacciona defendiendo sus hábitos. Con la repetición, desaparecerá, y te sentirás mucho más feliz y con una mayor autoestima.

Lo importante es que te atrevas a hacerlo. Llegarán pensamientos negativos que te harán pensar que no vas a poder, que tus hábitos son más fuertes. Todos tenemos miedos. Los miedos son tigres de papel. No pueden morderte, no pueden hacerte nada. Cuando eso ocurra, detente. Mira a ese miedo a los ojos, no lo juzgues. Solo recuérdale que tú has decidido conscientemente cambiar. Que TU MENTE ES LA QUE MANDA AQUÍ. Recuérdate todo lo que has conseguido. Tú eres valiente y puedes con esos miedos. Tú sigues adelante. Tú puedes.

8

Cambiar tu pasado gracias a la máquina del tiempo cerebral

El pasado es lo que recuerdas, lo que imaginas recordar,
lo que te convences en recordar, o lo que pretendes recordar.

Harold Pinter

Te voy a contar una pequeña historia que me sucedió hace ya un montón de años, cuando vivía en una residencia de estudiantes en Madrid, mientras cursaba un máster. Fue una época muy divertida de mi vida, en la que frecuentemente se producían «batallas» muy variopintas. En esta ocasión, nos encontrábamos sentados en una parada de autobuses cuando unos pandilleros nos tiraron los restos de un helado por encima del cristal y mancharon el pantalón a uno de mis amigos, un tipo muy gracioso que además era un «pelín» exagerado. Cuando les increpó por su actitud, uno de ellos sacó un pequeño cuchillito, más cerca de ser un cortaúñas que otra cosa, y le dijo que se callara mientras se iba de la escena. Nos marchamos sin prestar más atención al incidente, pero el amigo que fue «bautizado» con los restos del helado estaba indignado, y comenzó a contar la historia a todo nuestro entorno. En la primera versión, el lanzador de helados sacó un pincho, y amenazó con clavárnoslo. En la segunda versión fue un cuchillo y se encaró con nosotros diciendo que nos fuésemos de allí de inmediato si no queríamos poco menos que vernos reducidos a salchichas. Para la tercera, el cuchillo se había convertido en un machete, y prácticamente nos habían intentado ensartar como aceitunas con un mandoble y habíamos tenido que esquivar los ataques de un feroz espadachín. El resto de los que habíamos visto la escena real nos partíamos de risa a medida que íbamos escuchando las versiones cada vez más alocadas de nuestro creador de historias mancillado por el helado.

Esta es una pequeña historia que solemos evocar los amigos de aquella época cada vez que quedamos, y que recuerdo con especial cariño. Salvo que en una de las últimas ocasiones que la rememoramos se produjo un sorprendente descubrimiento. Cuando estaba contando la loca última versión del machete, uno de mis amigos, que tiene una gran memoria, me dijo: «¡Pero si tú no estabas!». Yo le aseguré que se equivocaba, que me acuerdo perfectamente de cada detalle de la situación, que lo había vivido. Incluso tengo grabadas las emociones que me evocaron los distintos escenarios reales (no aquellas historias inventadas de la versión exagerada). Estuvimos un rato discutiendo sobre mi presencia o no en la escena, hasta que mi amigo fue capaz incluso de recordar la fecha del año en que ocurrió el incidente, y también que entonces yo me encontraba de viaje. El descubrimiento fue mayúsculo. La evidencia fue definitiva, realmente no estaba allí, me encontraba en otro lugar. ¿Cómo podía ser? Resulta que la historia que yo guardaba en mi memoria era tan cierta como la absurda del ataque con machete.

La explicación tiene que ver con lo relatado previamente en este libro. Después de escuchar una y otra vez las versiones de la historia de mis amigos, mi cerebro fue componiendo un escenario con imágenes creadas por mi mente, cada vez con más detalles. Lo que había sentido uno de ellos. La mancha del helado. Lo que hablaban entre ellos. La evocación continua de la situación hizo el resto.

Los escenarios que genera nuestro cerebro de forma natural, creados por nuestra imaginación, son idénticos a los que realmente vemos, escuchamos o sentimos[41]. De ahí la importancia de generar imágenes apropiadas, como veremos en el capítulo 17 sobre la visualización.

La máquina del tiempo cerebral

Nuestras creencias se han forjado mediante la repetición continua en nuestro cerebro de imágenes que tienen que ver con la interpretación que damos a los acontecimientos. Pero claro… lo que nos ha pasado nos acompaña para siempre y no lo podemos cambiar… ¿o sí? ¿Y si existiera una máquina del tiempo que pudiésemos utilizar para cambiar nuestras vivencias y así ayudarnos en el proceso de modificación de nuestras creencias?

Como ya hemos visto, el funcionamiento del cerebro se basa en la creación y almacenamiento de escenarios, algunos formados por la utilización de sentidos (vista, olfato…) y otros creados directamente en nuestro cerebro, con nuestras emociones y pensamientos. La forma que tenemos de guardarlos no concuerda exactamente con la manera en que se han originado, no es como meter un libro en una caja. Nuestro cerebro almacena un patrón para disparar una simulación de lo

41. Ranganathan, V. K., Siemionow, V., Liu, J. Z., Sahgal, V. y Yue, G. H. (2004).

que sentimos o imaginamos. Te propongo un pequeño ejercicio. Piensa ahora en un familiar importante para ti, por ejemplo, tu madre, o quien tú quieras. El estímulo que te llega puede tener distinta naturaleza, como un componente visual por el cual sabes que «eso» en lo que piensas es tu madre, aunque no tenga todos los detalles de su cara. También puedes evocar su voz diciéndote algo, o cómo te hace sentir, emociones positivas o negativas. Cuando piensas en ella, el cerebro utiliza unos disparadores para extraer del almacén de tu memoria los aspectos más importantes del concepto «mi madre».

Cuando nos ocurre o imaginamos algo en la vida, también se almacena temporalmente esa escena creada mediante los sentidos o la mente. Cuando se trata de un hecho importante, que despierta emociones intensas, sean positivas o negativas, lo que sentimos se almacena en ese disparador con el resto de detalles visuales o auditivos de lo que nos pasa o pensamos. A medida que vamos reviviendo la situación porque pensamos en ella, lo que hace nuestro cerebro es utilizar ese disparador y recuperar lo que viste, oíste y sentiste en esa situación (o lo que imaginaste que harías, si es un escenario creado por tu mente), para crear ese escenario desde cero, con los datos almacenados la última vez. Cuando terminas de rememorar esa situación, con esa «imagen» creada (pongo «imagen» entre comillas porque tiene ligados aspectos más allá de lo visual), el cerebro vuelve a guardarla otra vez en forma de disparador para la próxima ocasión, reescribiendo el anterior. Es decir, cuando piensas en algo que te ha ocurrido, creas otra vez ese escenario, con todas las emociones asociadas. Cuando dejas de pensar en ello, se sobrescribe encima del anterior. Esto sucede tanto con lo que nos ha ocurrido como con lo que hemos imaginado. Cuando pensamos mucho en una escena, como en el caso de la batalla del machete, se generan tantos detalles visuales, auditivos y emocionales, que el cerebro llega a confundirlos totalmente con lo que realmente han visto mis ojos y escuchado mis oídos, lo que habría sentido mi cuerpo en una situación como esa.

Aunque muchos recuerdos parecen frescos, en realidad no son más que la versión modificada de otro. La información se reconstruye permanentemente. Se almacena el significado emocional de esa evocación. Cada vez que recuperas un recuerdo, se reconstruye en el cerebro. Puedes tener recuerdos almacenados de algo que no viviste. Los recuerdos sobre cosas que nos han ocurrido o hemos imaginado son subjetivos. Son el resultado de las conclusiones que hemos sacado de esa situación en base a nuestras creencias y juicios sobre la misma.

Como Marty McFly en la película *Regreso al futuro,* pero por desgracia, sin el DeLorean, la máquina del tiempo para modificar tu pasado, existe… ¡es tu mente! Cada vez que recuperas algo que te ha ocurrido, creas la situación. Literal y físicamente (cambio de conexiones eléctricas entre neuronas que reconstruyen el escenario), puedes variar tu pasado, tus recuerdos y emociones en las situaciones ocurridas. Al fin y al cabo, las creencias que tienes ligadas a esas cosas que te han pasado se crearon en base a la persona que eras en ese momento, no a la que eres ahora. Seguramente, si te ocurriera lo mismo hoy, no tendrías guardadas esas emociones. Pero puesto que cuando accedes a ese recuerdo que vuelves a crear rescatas las emociones asociadas, a no ser que te pongas a cambiarlas específicamente recuperarás las que almacenaste entonces, y que has seguido rememorando y almacenando sin cesar. Posiblemente habrás escuchado o leído alguna vez que una experiencia dramática se puede convertir con el tiempo en una comedia. Esto es así porque, con cada evocación, nuestro cerebro va tiñendo esa vivencia que fue dura con tintes distintos, eliminando aspectos dramáticos. Al final, puedes incluso reírte de la situación. ¡Quién te lo iba a decir unos años antes! Pero con algunas experiencias, el cerebro no consigue hacerlo de manera natural y tenemos que ayudarle.

Vamos a ponernos a ello. Empecemos por un ejercicio sencillo. Me gustaría que cerraras los ojos, te relajaras durante un minuto aproximadamente y recuperaras un recuerdo almacenado en tu mente. Vamos a empezar con uno que sabes que tiene connotaciones positivas. Una vez que lo tengas, quiero que cambies el color de algún elemento del recuerdo. Por ejemplo, del vestido que llevaba alguien, o de algún otro aspecto de ese escenario que no sea crucial en la historia. Una vez que lo hayas hecho y hayas terminado de pensar en la situación, terminas la visualización tranquilamente y vuelves a tus ocupaciones. Debes poner una alarma en tu reloj o teléfono y realizar este ejercicio 3 o 4 veces por semana. Es muy breve, no te va a llevar más de unos pocos minutos. Antes de que termine el mes, verás lo que ocurre. Parece magia. El vestido que llevaba tu tía en tu boda puede cambiar y ser amarillo chillón. En la ceremonia de graduación de tu universidad, tu mejor amiga tendrá mechas rubias. El día que tu chico te pidió casarse contigo iba en manga corta, aunque fuese diciembre. Tus recuerdos cambiarán.

Y, dado que ya sabemos cambiar el color de un elemento absurdo de nuestra memoria… vamos a por lo bueno. Todos tenemos almacenadas situaciones negativas que nos hicieron recelar del amor y la amistad, que impidieron que nos arriesgásemos a perseguir nuestros sueños, o que contribuyeron a que pensáramos que no servíamos, que no teníamos talento, que no podríamos conseguir ese puesto de trabajo o ese logro personal que siempre habíamos querido alcanzar. Una vez realizado dos veces el ejercicio del cambio de un elemento en tus recuerdos (el que hemos hecho del color y otro que tú consideres interesante, como añadir o quitar algún aspecto sin carga emocional de ese recuerdo o de otro), me gustaría que avanzaras hasta el siguiente paso.

Quisiera que te reservaras un rato en el que no vayas a tener prisa, unos instantes para ti, sin que nadie ni nada te moleste. Debes cerrar los ojos y relajarte, sin mover ningún músculo. Lo ideal sería que estuvieras en la cama (si no eres una persona de sueño fácil) o en una silla, con las manos encima de las piernas o a los lados. Permanece en esa posición durante 2 o 3 minutos, sin pensar en nada. Ahora, trae a tu memoria una situación negativa de tu pasado que quieres modificar. Empieza por alguna cuya valencia emocional no sea extrema, que simplemente sea poco agradable, que la puedas clasificar como un 3 o 4 en la escala que hemos visto. Deja las experiencias más duras para cuando tengas la técnica controlada. Ahora presta especial atención a las emociones que están guardadas y que vienen unidas al recuerdo. El ejercicio que debes hacer seguidamente es cambiarlas. Utilizar tus argumentos mata-ANTs para, con tus pensamientos, llegar a otras conclusiones y a imágenes diferentes en esa situación. Elimina esas emociones basadas en creencias antiguas e imagínate a ti mismo con otras emociones totalmente diferentes en ese momento. Perdónate las culpas que te has lanzado encima durante años. Elimina de esa situación las conclusiones que sacaste. No son más que pensamientos subjetivos, una visión catastrófica y negativa del escenario. En la vida se producen muchísimas situaciones, y esa es una que te pasó a ti, pero también a miles de personas antes, y a otras tantas les pasará después. Debes liberarte de la pesada carga emocional negativa e imaginarte sintiendo emociones diferentes, que no te lastren e impidan tu bienestar y tu felicidad. Saca otras conclusiones, llega a otro final distinto de esa pequeña película que tienes guardada, en la cual tu valencia emocional aumente como mínimo dos o tres puntos, hasta el 5 o 6. Una vez que lo hayas conseguido, tranquilamente deja de pensar en el escenario, se guardará esa versión nueva.

Una vez más, debes programarte para realizar este ejercicio 3 o 4 veces cada semana. Te llevará unos 15 minutos de dedicación exclusiva, sin prestar atención a ningún otro estímulo. Pero merecerá la pena. Dejarás atrás emociones ligadas a cosas que te ocurrieron que te lastran. Tu cerebro se liberará de etiquetas, cargas y prejuicios sobre tu persona que te impiden ser feliz. Te sentirás capaz, y tu autoestima mejorará.

Debes prestar atención para que, si de manera automática, te viene ese recuerdo durante las próximas fechas, CONSCIENTEMENTE asocies la nueva emoción al escenario. Este ejercicio de cambio de emociones puede transformar realmente tu vida. Dedícale tu esfuerzo consciente, aunque gaste más energía, para que siempre guardes la última versión, como si fuese ese documento del trabajo que modificas constantemente. No te permitas recuperar el recuerdo y despertar las emociones antiguas, oblígate a traer las nuevas. Una vez más, este esfuerzo solo tendrá que ser consciente al principio. En cuanto lo hayas realizado un número de veces suficiente (varía según cada persona y la importancia del recuerdo), el disparador habrá almacenado la versión mejorada de tu recuerdo y sentirás una tremenda liberación. Habrás cambiado tu pasado, porque la realidad es tal y como la percibes. Recuerda que creer es ver. Tu nueva creencia te proporcionará una nueva visión, tan válida como la anterior, pero mucho más beneficiosa para ti. Derrumbarás tus límites, tu percepción de autocapacidad se disparará, dejarás de culparte y de sentir lástima por tu mala suerte o desgracias. Como dice una sabia profesora del colegio de mi hija: «En la vida toca lo que toca, que la suerte es loca». Las conclusiones que saquemos de lo que nos ha tocado vivir, o la percepción que tengamos de nuestra habilidad para cambiar esa suerte con conocimiento y creando la ocasión, nos permitirán superar las adversidades y mirar nuestro pasado y nuestro futuro con optimismo. Y sí, no se me ha olvidado, lo he dejado para el final: verás tu presente con alegría, habrás sanado tus emociones limitantes y te habrás liberado.

Te propongo algunos ejercicios para ayudarte a identificar situaciones del pasado sobre las que merezca la pena trabajar la modificación de emociones asociadas.

Ejercicio 1. Dejar ir el pasado

Muchas veces te encuentras pensando: «¿Y si en aquella situación hubiese optado por otra opción?» Es muy fácil juzgar un momento después de analizar los resultados obtenidos. Pero en las decisiones que se toman en un instante concreto se utiliza la información disponible en esa situación. Cuando te aferras a algo que sucedió en el pasado tu mente divaga y eres presa del sistema *default* y de los pensamientos automáticos negativos (ANTs). Además, pierdes el foco del presente, esquivando decisiones importantes y privándote de vivir lo único que realmente existe y mayoritariamente importa: el aquí y ahora. Cuando te ataque un pensamiento sobre un error de decisión en el pasado, debes preguntarte:

¿Qué pensamiento he tenido justo antes de ese recuerdo?
¿Qué circunstancias de mi vida actual me despiertan esos pensamientos?
¿Cómo puedo dejar ir esa situación?

Una vez definido este pensamiento para terminar con ese recuerdo dañino, utiliza el ejercicio de cambio de pasado que hemos realizado en este capítulo.

Ejercicio 2. Separar la realidad de la ficción

Haz una lista de tus 5 preocupaciones más importantes. Marca cada una de ellas, rodeando la palabra, si es real o si es una ficción (una explicación subjetiva que has creado, y que podría ser cualquier otra). A continuación, reescribe aquellas preocupaciones que has marcado como ficción, convirtiéndolas en realidades. Por ejemplo, puedes tener etiquetado como preocupación el hecho de que tu pareja te haya dicho que no quiere seguir contigo (realidad), mientras tú consideras que es porque no eres lo suficientemente buena para estar con él (ficción). Debes reescribir la última parte. Las razones reales por las cuales ya no quiere seguir contigo solo las conoce él, y seguramente se trate de la combinación de distintos factores, algunos internos suyos y otros externos en los cuales puede que seas partícipe (realidad).

Preocupación 1

____

____

____

____

Realidad / Ficción

Reescritura sin ficción:

____

____

____

____

Preocupación 2

____

____

____

____

Realidad / Ficción

Reescritura sin ficción:

____

____

____

____

Preocupación 3

____

____

____

____

Realidad / Ficción

Reescritura sin ficción:

____

____

____

____

Preocupación 4

Realidad / Ficción

Reescritura sin ficción:

Preocupación 5

Realidad / Ficción

Reescritura sin ficción:

9
El dolor, tu gran consejero

El dolor es solamente lo que tú le permitas ser.

Cassandra Clare

El dolor más intenso no es físico, es aquel que te roba la ilusión por la vida.

Anónimo

Había una vez un Gran Maestro que tenía que elegir a una persona decidida e inteligente que pudiera trabajar a su lado y tomar decisiones precisas y efectivas sin perder mucho tiempo en darles vueltas a los asuntos.

El sabio maestro reunió a todos los discípulos para escoger a aquel que tendría la honra de trabajar directamente con él.

—Voy a presentarles un problema —les dijo—, y aquel que lo resuelva primero, será el que alcance el favor de trabajar conmigo.

Tras estas palabras, el maestro colocó un taburete en el centro de la sala y, sobre él, un florero de finísima porcelana china de gran valor, con una hermosa rosa roja en su interior.

—Este es el problema —dijo el Gran Maestro, mientras señalaba con su mano el rico jarrón con la flor roja.

Los discípulos contemplaron perplejos y extasiados lo que veían: el jarrón, que era de una belleza extraordinaria, los diseños sofisticados y raros de la porcelana, la frescura y la elegancia de la flor, su belleza y olor... Pero, ¿qué representaba todo aquello? ¿Qué hacer? ¿Dónde residía el problema? ¿Cuál sería el enigma? ¿Y su solución?

Después de algunos minutos de ver y reflexionar, uno de los discípulos se levantó, miró al maestro, observó luego a sus colegas y, caminando lentamente se acercó al florero, lo empujó con su mano hasta que flor y florero rodaron por el suelo rompiéndose en mil pedazos.

—Usted es el nuevo compañero que va a trabajar conmigo —dijo el Gran Maestro con su suave voz adornada con una sonrisa beatífica.

Al volver el alumno a su lugar, el Gran Maestro explicó la causa de su rápida decisión.

—Yo fui bien claro, dije que ustedes estaban delante de un problema. Y «un problema es un problema», aunque tome la forma de un florero de porcelana fastuoso y muy hermoso, o de un amor simbolizado en la flor que ya no tiene sentido, ¡porque es un problema!, o un camino que precisa ser abandonado, pero que insistimos en recorrerlo porque nos trae confort o simple rutina. Por eso, quien tomó la decisión de destruir el problema, aunque rompiera algo que se podía considerar de valor objetivo, es quien supo tomar con prontitud la buena solución.

Cuento anónimo budista

Para hablarte sobre el dolor me gustaría primero contarte un par de experiencias que me han ocurrido últimamente.

La primera comenzó hace aproximadamente 3 años y medio, cuando nació mi hija. Era una época de cambios importantes en mi vida, en la cual, oportunamente, intensifiqué mucho el ejercicio físico que realizaba, principalmente los kilómetros que hacía corriendo. Prácticamente los dupliqué, pasando a correr casi 50 km a la semana. Además, estaba lanzando la primera fase de mi principal proyecto empresarial, que hoy en día ocupa todo mi tiempo. El caso es que no tenía mucho tiempo libre y dejé de ir al gimnasio habitualmente, porque ya hacía *running*, y me dedicaba a hacer media hora de ejercicios anaeróbicos en casa, a una intensidad reducida. El resultado de todo esto fue que comencé a tener fuertes dolores de espalda. Al principio no les hice ningún caso, pero poco a poco fueron a peor, y me costaba jugar con mis hijos, e incluso realizar algunas de las tareas más básicas. Frecuentaba el fisioterapeuta, pero tampoco variaba mis rutinas, seguía haciendo mucho ejercicio, y más o menos del mismo tipo. Sorprendentemente, esa fue mi respuesta a esta situación. Seguí actuando igual. Cuando alguien siente de repente dolor en algún lugar de su cuerpo, lo habitual es estudiar cómo eliminarlo, pero nos hemos acostumbrado tanto a hacer cosas con dolor, que en mi caso y de manera absurda, continué exactamente igual, con una existencia que estaba abocándome a una lesión o a una calidad de vida disminuida. Lo curioso es que todo mi entorno se acostumbró a mi dolor de espalda. Mi hija no me decía que la cogiera en brazos porque sabía que me dolía, mi pareja tampoco me pedía cosas que pudieran empeorar el dolor, incluso me acostumbré a vivir con «mi dolor de espalda», un compañero desagradable y limitante que me acompañó durante varios años. Hasta que un día, al igual que vas a hacer tú, decidí cambiar y dejar de ser aquel «al que le dolía la espalda». Cambié de fisioterapeuta, y mi nueva rutina de ejercicio cambió radicalmente. Comencé a trabajar el *core* (la musculatura de la zona central del cuerpo, abdominales, glúteos, etc.) en el gimnasio durante 3 días, y en vez de correr 4 veces a la semana bajé a 2, y dediqué los otros 2 días a nadar en la piscina (una actividad que hasta entonces me había aburrido solemnemente se convirtió en la solución a los dolores de espalda y empecé a disfrutarla, acompañada de música y buenos pensamientos, por supuesto).

Unas semanas después, la espalda comenzó a dejar de ser algo que limitara mi vida. Actualmente ya no soy «ese al que le duele la espalda y no puede...». Lo increíble es que esta historia duró varios años. Y podría haberse prolongado durante décadas. Nos acostumbramos a casi todo, y a veces eso es malo. Así somos también con el dolor emocional, con nuestro carácter. La gente se amolda a nuestras limitaciones y nosotros también nos acostumbramos a vivir de forma desgraciada, a sentir dolor, a tener que tomar de todo para seguir adelante. Como en la segunda historia que quería contarte.

Curiosamente coincidió en el tiempo con la primera. Comencé a trabajar como profesor en una nueva universidad, donde por fin sentí que se le daba importancia en medios y recursos a mi línea de investigación, la neurociencia aplicada al comportamiento.

Sorprendentemente, el ambiente que me encontré entre los profesores era pésimo. Muchos consideraban sus condiciones de trabajo nefastas, y el lugar era famoso porque nadie cogía una baja; incluso los alumnos se habían quejado varias veces porque los profesores iban a trabajar a veces con claros síntomas de estar enfermos (gripe, resfriados o algo similar), y claro, acababan contagiándoles. Los horarios eran impuestos sin posibilidad de ser cambiados, y las condiciones de algunos compañeros eran lamentables, con clases a primera hora de la mañana, al mediodía y a las 9 de la noche (el mismo día). Varios profesionales que trabajaban allí ponían el grito en el cielo porque no podían ver a sus familias o porque tenían que tomar medicamentos para trabajar; algunos para tratar el dolor o también la ansiedad y la depresión. Todo ello sumado a la percepción de falta de apoyo por parte de la dirección.

Yo era un recién llegado y tenía unas buenas condiciones. Pero el segundo año hubo un cambio de dirección en el departamento y al «nuevo» no le gustó que desde la universidad se estuviera apostando por mi línea de investigación, o me vio como un posible rival de promoción o de adjudicación de recursos, o quizás de pequeño le robé un día el bocadillo en el cole o vaya usted a saber por qué... y me encontré con una tabla de horarios idéntica a la que me comentaban previamente los compañeros. Por fortuna, en esta ocasión yo tenía las ideas claras, había ciertas cosas por las que no quería pasar. Mis condiciones laborales eran una declaración de guerra contra las cosas que yo amo hacer y el tiempo que dedico para estar con las personas que me gustan. Respondí con una máxima: «Al enemigo, puente de plata». Lo que tenía claro era que, si me pasaba un año con esa vida, podría llegar incluso a acostumbrarme, a trabajar tomando antidepresivos como mis colegas, y terminar tirando diez años de mi vida por miedo a... todo aquello a lo que se puede tener miedo, que es cualquier estupidez.

El dolor quiere que le escuches. Si te tuerces un tobillo corriendo, que te duela es una forma de decirte que hay una lesión y que debes curarte. ¿Qué ocurriría si siguieras corriendo? Que la lesión se agravaría seriamente.

Con el dolor psicológico ocurre lo mismo. Cuando sientes que algo en tu vida te produce malestar, debes curarlo. Si lo soportas sin hacer nada puede pasarte como a esos excompañeros, que se acostumbraron a vivir con dolor emocional por verse maltratados profesionalmente o por no poder ver a sus familias. No puedes correr con un esguince. No puedes vivir con un dolor psicológico intenso, tienes que dedicarte a curarlo. Muchas veces no le hacemos caso a esa dolencia por razones sociales; está mal visto que nos dediquemos a curar algo que solo nos produce «dolor mental». Nos etiqueta como débiles, como faltos de carácter, como locos o algo parecido. Si sufres dolor psicológico en forma de ansiedad, angustia, malestar o tristeza crónica, debes curarlo, como harías con tu tobillo. El cerebro crea el dolor para que cambies, para que sobrevivas.

El dolor psicológico y el físico son muy similares en el cerebro. Tus pensamientos pueden causarte dolor. El dolor psicológico produce dolor físico. Esto sucede porque las dolencias psicológicas producen imágenes, y estas producen emociones y diálogo interno. Todo este proceso, como ya has visto, es un mecanismo para tomar decisiones. Lo que está diciéndote tu cerebro es que ROMPAS LA BARAJA DE UNA VEZ, QUE PARES. QUE DEJES DE HACER ESO QUE ESTÁS HACIENDO porque te produce una vida que no quieres. Pero si no actúas, te puedes pasar así, sufriendo, diez años. O veinte. Y estaremos de acuerdo en que eso no es vida.

La relación entre el dolor psicológico y el físico ha sido probada ampliamente por la neurociencia, incluso en aspectos como la canción del «sana, sana, colita de rana»[42]. Cantar a un ser querido de forma amorosa cuando siente dolor o besarle en la herida haciéndole caricias, activa una red neuronal capaz de amortiguar el dolor que siente, mediante

42. Melzack, R. y Wall, P. D. (1965).

procesos analgésicos naturales, tales como las endorfinas. Una vez más, el amor vuelve a ser la respuesta correcta. Cuando nos sentimos queridos y reconfortados, nuestro cerebro activa mecanismos para que el dolor se apacigüe.

El dolor depende de la atención. Si tienes un fuerte dolor de muelas, habrás comprobado que sientes algo totalmente diferente si estás en la cama y te impide dormir o si te entretienes con una ocupación activa por tu parte, como trabajar en algo que te apasione, o escribir un libro.

Cuanta más atención prestes a los pensamientos que te duelen, más imágenes generas relacionadas con ellos, y mayor es el foco en el dolor. Además, el contexto también influye en la percepción del dolor. Si el pensamiento que te lo está causando es algo que está muy arraigado en tus creencias, le darás mucha importancia, y eso contribuirá a que el dolor se intensifique. Esto es lo que le sucede al futbolista que siente mucho más dolor cuando se tuerce un tobillo que cuando la torsión se produce en una muñeca, porque los pies son fundamentales para hacer aquello que le apasiona, y además le pagan por utilizarlos. Lo mismo ocurre con tus pensamientos. Si por tus creencias consideras muy importante que tu pareja o tus hijos sean de una manera determinada y actúan de forma diferente, esto te producirá pensamientos dolorosos. Ahí es cuando debes salir del etiquetado y la evaluación inconsciente y detenerte a analizar, de forma consciente, cada situación. Así podrás determinar si lo que tienes que cambiar es el contexto o tus creencias. Es decir, quizás tengas que cambiar de pareja, o quizás lo que debas cambiar sea la percepción de lo que debe hacer tu pareja (tus creencias sobre cómo debería ser su comportamiento). En cualquier caso, debes realizar un cambio para eliminar ese dolor psicológico, y más cuando ves que no es algo puntual, sino que se repite de forma continuada en el tiempo.

El cerebro elige a qué dolor debes prestar atención en cada momento, priorizando. Salir de la rueda de dolor psicológico requiere de un compromiso total de cambio por tu parte. Porque recuerda que, al final, el cambio SIEMPRE vas a tenerlo que hacerlo tú, ya que nadie va a poder eliminar de tu vida esa relación que te hace infeliz, o ese trabajo que te está amargando. Tú serás quien deberá poner fin a aquello que te esté causando dolor. Recuerda que sufrirlo produce un gran desgaste también en recursos vitales, porque estás sintiendo de forma continua emociones enfocadas para que decidas hacer algo con el dolor. Y tu mente, si no escuchas lo que te está diciendo de esta manera tan primitiva, tiende a agudizar el proceso. Dicho de otra forma, el dolor irá a peor y seguramente se somatizará en alguna parte del cuerpo, que no soportará la tensión o asumirá con un mal funcionamiento o una lesión el desgaste al que estás sometiendo al organismo.

Las técnicas que estás aprendiendo en este libro, como prestar atención consciente, realizar ejercicio físico, planificar el cambio o regular las emociones, te van a ayudar. El primer paso que debes dar siempre es traer al consciente la realidad del problema. Dejar de «sufrir en silencio», de considerar la vida como un lugar de dolor y tristeza. Al igual que el dolor físico, debes curarte el psicológico, porque si no lo haces se quedará para siempre. Lo que piensas afecta a tu salud. Si tienes una vida desgraciada y llena de penurias, terminarás generando una enfermedad. Si los aspectos que ya has identificado que debes cambiar no son atendidos, terminarán generando dolor psicológico. No puedes dejarlo más, es una imprudencia tan grande como comerte un jabalí cuando tienes gastroenteritis. Esas emociones que sientes están ahí para procurar tu cambio. Escúchalas y adelante, es el momento de poner orden en tu vida, de ser la persona que siempre has querido ser. Te mereces procurarte tu felicidad, aunque no sepas dónde está. El propio acto de buscarla ya es reconfortante.

Ejercicio 1. El dolor psicológico

Tómate unos segundos para parar. Desconéctate del mundo durante un rato, túmbate o siéntate de forma relajada. Me gustaría que ahora pensaras en una situación de tu día a día que te produzca un hartazgo insoportable, que no aguantes más, y que el resultado de la misma sea un cansancio inmediato cada vez que tienes que afrontar esa realidad.

¿Qué crees que te está diciendo ese dolor?

____

____

____

____

Escribe 5 maneras distintas que tendrías de solucionar ese dolor y acabar con ese problema.

1 ______________________________________

2 ______________________________________

3 ______________________________________

4 ______________________________________

5 ______________________________________

Ejercicio 2. El dolor físico

Túmbate o siéntate, y tómate un rato para parar, relajarte y desconectar. Ahora quisiera que comenzaras una revisión total de tu cuerpo, desde la punta de los dedos de tus pies hasta tu cabeza, buscando cualquier dolor que puedas sufrir actualmente. Cuando encuentres algo que te duela, quiero que te concentres en esa zona y le ordenes calmarse, relajarse. No hace falta que luches contra el dolor, simplemente actúa con comprensión acerca de lo que sientes, y trata de relajar al máximo esa zona. Una vez que te has parado y relajado, sigues adelante. Cuando termines de revisar todo tu cuerpo, quédate unos segundos en quietud, sin moverte, disfrutando de estar en calma y relax.

PARTE 3

TU CAJA DE HERRAMIENTAS

10

Reír, comer, sudar, amar y otros placeres fundamentales para ser feliz

Para quedarte donde estás tienes que correr
lo más rápido que puedas.
Si quieres ir a otro sitio, deberás correr, por lo menos,
dos veces más rápido.

LEWIS CARROLL, *A través del espejo*
y lo que Alicia encontró allí.

Voy a aprovechar esta frase de Lewis Carroll para presentarte la denominada hipótesis de la Reina Roja. En un momento de su libro, Alicia y la Reina Roja corren lo más rápido que pueden, pero a Alicia le parece que por muy rápido que corran, siempre permanecen en el mismo sitio. Cuando se paran a descansar, mantienen el siguiente diálogo:

> —Pero ¿cómo? ¡Si parece que hemos estado bajo este árbol todo el tiempo! ¡Todo está igual que antes!
>
> —¡Pues claro que sí! —convino la Reina—. Y ¿cómo si no?

—Bueno, lo que es en mi país —aclaró Alicia, jadeando aún bastante—, cuando se corre tan rápido y durante tanto tiempo, se suele llegar a alguna otra parte...

—¡Un país bastante «lento» el tuyo! —replicó la Reina—. Aquí, para quedarte donde estás tienes que correr lo más rápido que puedas. Si quieres ir a otro sitio, deberás correr, por lo menos, dos veces más rápido.

Al hilo de esta última frase, Leigh Van Valen, un biólogo evolutivo estadounidense, describió que es necesaria una mejora continua de las especies solo para mantener su *statu quo* con el entorno[43]. Actualmente se utiliza este ejemplo para explicar dos fenómenos evolutivos. Por una parte, la ventaja de la reproducción sexual entre individuos frente a la asexual, y por otra, la constante carrera entre las especies. Veamos qué significa esto.

En cuanto al primer fenómeno, observando la dinámica de una especie de caracoles con posibilidad de reproducción sexual y asexual, se demostró que, al cabo de un tiempo, los que tenían una reproducción asexual eran más sensibles a los parásitos que aquellos que tenían una reproducción sexual, debido a que el intercambio genético aumenta la ventaja evolutiva de los descendientes.

Con respecto a la carrera, la explicación se refiere al modelo depredador-presa. El felino tiene que mejorar sus habilidades para capturar al ciervo. De igual modo, el ciervo tiene que mejorar sus habilidades para escapar y no ser cazado por el depredador. Ambas especies mejoran sus destrezas de manera paralela, manteniendo un *statu quo* entre ellas. Si no fuera así, una de las dos terminaría extinguiéndose.

Las investigaciones de Van Valen no son ajenas a cierta polémica por las diversas conclusiones que se obtienen e incluso en la actualidad, decenas de artículos científicos siguen citándolas cada año. Sin querer entrar en disputa alguna, ¿qué podríamos sacar de la hipótesis

43. Van Valen, L. (1973).

de la Reina Roja? Me gusta verlo como una pelea con el medio para ser feliz. Cada vez tenemos más comodidades, tecnología, información... pero la inmensa mayoría de las veces, todo este entorno incierto y volátil no trabaja por nuestra felicidad. Nos obliga a cambiar también a nosotros para adaptarnos y no volvernos locos con tantos peligros, acceso a datos, sobreinformación, preocupaciones por catástrofes venideras y, principalmente, estímulos que nos alejan de lo realmente importante: disfrutar del presente.

Por suerte, nuestro cerebro dispone de unos grandes aliados en la búsqueda de la felicidad: los neurotransmisores. Son sustancias químicas que se encargan de transmitir señales de una neurona a la siguiente (conectan las neuronas) y mantienen el funcionamiento de nuestro cerebro. Controlan desde la respiración o los latidos del corazón hasta nuestros niveles de aprendizaje y atención. Pero, sobre todo, son los responsables de muchos de nuestros estados de ánimo: miedo, placer, alegría, amor...

Volviendo a los caracoles, podríamos concluir que la reproducción asexual tiene todas las de perder comparada con la sexual. ¡Ya nos lo decía nuestro cerebro! Y es que, además, ¡el sexo es muy divertido!

Existen muchos estudios científicos que vinculan el sexo con la felicidad. En una reciente investigación con más de 3.800 adultos[44], los resultados mostraron que aquellos individuos que practicaban más sexo y de mejor calidad (valorado en cuanto a satisfacción emocional y física con su pareja sexual) eran más felices. Los niveles de serotonina (el neurotransmisor de la felicidad) y de la hormona oxitocina (amor y vinculación) se disparan. Además, aunque a algunas personas les pueda parecer chocante, no es necesario cambiar de pareja continuamente para ser feliz. Tener una sola pareja sexual produce mayor felicidad. Incluso relacionaba las infidelidades con emociones de valencia negativa, seguramente causadas por el estrés. El caso es que tener relaciones sexuales con otras personas es maravilloso, produce felicidad y encima… ¡es gratis! (y ya no quedan muchas cosas así en el mundo).

Sonríe para ser feliz

La ciencia ya ha demostrado, con numerosos artículos científicos, que se pueden aumentar los niveles de serotonina riendo y haciendo cosas divertidas. El sentido del humor es básico. Tomarse las cosas con jovialidad es muy importante. Mantenerse alegre y feliz incrementa la percepción de tranquilidad y relajación. Reír tiene efecto analgésico y libera endorfinas al torrente sanguíneo. El humor disminuye la tensión muscular y reduce considerablemente la liberación de cortisol. Existen estudios, además, que muestran que reír mejora los síntomas en pacientes alérgicos. El sistema inmunitario se refuerza. Ayuda a respirar más profundamente y a regular los latidos del corazón, y relaja los músculos de la cara y la parte superior del tronco. Facilita la expresión de ideas y emociones. Ejercita los pulmones, estimula el sistema circulatorio y reduce la presión sanguínea[45].

44. Cheng, Z. y Smyth, R. (2015).

45. Tennant, K. F. (1990).

¿Y si no te apetece sonreír? Si te encuentras en algún momento con algún pequeño bajón, busca una película cómica, o incluso mejor, una serie que vayas viendo todos los días un ratito. El mejor consejo que te podría dar es que sonrías, aunque no te apetezca. Me gustaría que realizaras un experimento científico que parece un tanto absurdo. Coge un lapicero y muérdelo suavemente con tus dientes, de forma horizontal, de manera que tengas el mayor número de dientes en contacto con él. Esto hará que tengas que alargar los labios, como si rieras. Este ejercicio, colocar la boca y los músculos faciales como si estuvieras sonriendo, produce bienestar de forma directa y natural. Sonreír es la mejor receta para encontrar la felicidad[46]. La risa tiene incluso poderes curativos. Si no lo conoces, te aconsejo que investigues sobre el doctor Patch Adams y sus técnicas de curación basadas en la risoterapia. Existe incluso una película sobre su vida, protagonizada por el gran Robin Williams. En nuestra infancia somos capaces de reírnos 400 veces al día. Cuando somos adultos, la media disminuye hasta las 20 veces. Vuelve a sonreír como antes. Hazlo cuanto más mejor.

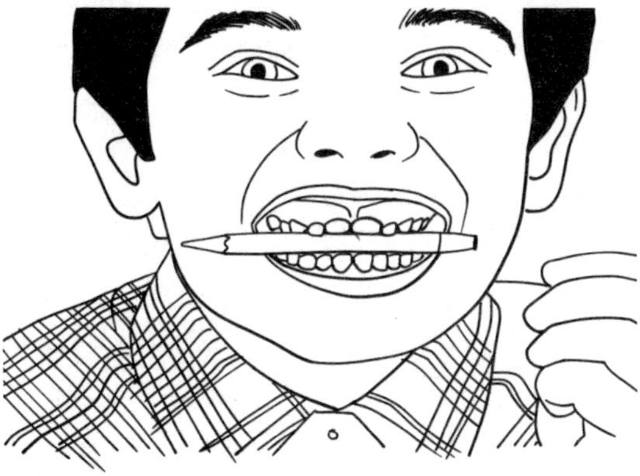

Activando tu cuerpo

El deporte y la actividad física aparecen en prácticamente la totalidad de los estudios sobre los componentes de la felicidad. Generan de manera

46. Sigman, M. (2017).

natural dopamina (un neurotransmisor relacionado también con la felicidad y el refuerzo) y van a hacerte sentir bien, descansar mejor y combatir la ansiedad y el estrés que puedas experimentar.

El deporte mejora la salud mental y ayuda a sanar el sistema límbico[47]. El cuerpo libera endorfinas (neurotransmisores que combaten el dolor) e induce a un estado de bienestar. Aumenta la circulación de sangre en el cerebro y lo nutre para que funcione correctamente. Incrementa la energía vital y produce un apetito saludable. Se duerme mejor y se consigue un apropiado estado de ánimo. Además, el ejercicio físico aumenta los niveles de L-triptófano en el cerebro, incrementando los niveles de serotonina. También contribuye a eliminar los temibles pensamientos automáticos negativos (ANTs). La activación muscular estimula el sistema linfático, lo que ayuda significativamente a eliminar más rápido las toxinas producidas por el organismo. Si tienes problemas de salud, consulta a tu médico antes de empezar. Si no, puedes comenzar a hacer algún ejercicio que te haga sudar durante media hora. Si nunca haces deporte, sal a andar rápido. Si estás en forma, sal a hacer tu deporte favorito o a correr. Comprométete a hacerlo un mínimo de 2 días a la semana; 3 días sería lo ideal.

47. Alfermann, D. y Stoll, O. (2000).

Autodiálogo: trátate bien

Otro aspecto relacionado, muy importante para tu bienestar y felicidad, es tu diálogo interno (también llamado autodiálogo), es decir, lo que te dices y te repites sobre ti. Tu conversación interna supone el 90 % y solo se verbaliza el 10 % restante. Esta narrativa, lo que repasas en tu interior frecuentemente, construye creencias y hábitos de pensamiento. Se trata de conversaciones silenciosas, que muchas veces están formadas solo por tres o cuatro frases, pero otras se hacen interminables. En ocasiones, lo que nos decimos nos hiere y se convierte en un enemigo. El diálogo interno es un componente crucial de la autoestima. La forma en que te ves o te valoras hará que las cosas que te digas tengan un tono u otro. Además, se retroalimentan. Si tu autoestima es baja, tu diálogo interno empeorará. Si te dices mayoritariamente cosas negativas, tu autoestima seguirá bajando. La única forma de que crezcas y cambies es desarrollar un diálogo interno basado en el respeto, la comprensión y la paciencia. El autodiálogo compasivo se centra en analizar la situación que estás viviendo, hacia dónde querrías ir y cómo puedes lograrlo. Háblate con cariño, recuerda que, de todas las críticas que te podrían hacer, las que tú te hagas a ti mismo son las que más daño te hacen.

En tu cerebro no hay una verdad, solo creencias, lo que te dices. Tu mente presta atención a aquello que te repites sobre ti y, como ya vimos con el efecto Galatea, termina creyéndoselo, sea bueno o malo. No se te ocurriría coger carrerilla y lanzarte a toda velocidad de cabeza contra una pared. Acabarías con algo roto y en urgencias, si no por las heridas físicas, porque cualquiera que te vea creerá (y con razón) que necesitas urgentemente tratamiento mental (además de una buena chichonera). Permitirse a uno mismo hablarse así es igual de dañino o más. Debes cuidar mucho lo que te dices, y actuar con cariño y comprensión hacia la persona más importante de tu vida: TÚ. Si estás fuerte, todo tu entorno también se beneficiará. Si te castigas con crueldad, no tendrás fuerzas ni moral para nadie.

¡Música, maestro!

Un componente que se presenta como importantísimo en los estudios sobre felicidad es la música. Está relacionada con los procesos cerebrales responsables de la recompensa, la motivación y la excitación[48] en los que participa, entre otros neurotransmisores, la dopamina[49]. Se trata de las mismas zonas del cerebro que aquellas que se activan al responder a recompensas como los alimentos, el sexo o las drogas. La música reduce los niveles de cortisol propios del estrés y aumenta la producción de una gran cantidad de proteínas y hormonas de la felicidad como la oxitocina (también se libera durante el orgasmo), la inmunoglobulina (anticuerpos para combatir infecciones), la melatonina (activadora del sueño), la epinefrina (reguladora de la frecuencia cardíaca) y la serotonina (reguladora del estado de ánimo, componente esencial de los antidepresivos)[50]. Escuchar música mejorará tu humor de forma inconsciente, alegrará tu estado de ánimo y te inyectará energía.

Y si unimos los dos últimos conceptos, el ejercicio físico y la música, nos encontramos otro aspecto que también está relacionado con la felicidad: bailar. El baile se utiliza como recurso terapéutico en personas con depresión, ansiedad generalizada y estrés, con resultados muy positivos[51]: menos pensamientos negativos, mejoría en la concentración y mayor sensación de paz y tranquilidad. Bailar tiene un efecto muy positivo en nuestra vida cotidiana[52]. Un estudio[53] realizado con 1.000 personas mostró que quienes bailaban con frecuencia no solo

48. Blood, A. J. y Zatorre, R. J. (2001).

49. Salimpoor V., Benovoy, M., Larcher, K., Dagher, A. y Zatorre, R. (2011).

50. Levitin, D. (2009).

51. Duberg, A. *et al.* (2013). Birks, M. *et al.* (2007).

52. Lesté, A. y Rust, J. (1984).

53. Weinberg, M. K. y Joseph, D. (2017).

reportaban sentirse más felices sino también más satisfechos con su vida, en especial en sus relaciones interpersonales, su salud y los logros que habían alcanzado a lo largo de los años.

☹ + ♫ = ☺

¡A comer!

Otro aspecto muy importante en nuestra felicidad es la dieta. Sí, ya sé que he escrito la palabra maldita, podría haber utilizado «lo que comes», pero he sido un poco malvado. Existen muchísimas investigaciones que defienden que la alimentación es la base de la felicidad. Ante cualquier duda siempre debes guiarte por las recomendaciones médicas personalizadas. Si atendemos a lo que la ciencia ha descubierto, vemos que las personas que comen más frutas y vegetales son menos propensas al nerviosismo, la ansiedad y la depresión, y se muestran más felices y satisfechas con sus vidas[54]. Debes empezar a cuidar tu cuerpo mediante una alimentación saludable y adecuada a tu ritmo de vida y tus necesidades calóricas. Comer correctamente te permitirá obtener la energía necesaria para realizar todas las actividades de tu día a día. Si sientes un gran cansancio, la posibilidad de que experimentes síntomas de decaimiento físico y mental es elevada, y esto perjudica tu autoestima y actitud vital.

Eso no significa que no te puedas permitir un capricho de vez en cuando, pues comer es en sí mismo un placer. Pero si cuidas tu alimentación y practicas ejercicio, perderás los kilos que llevas encima de manera absurda, tu atractivo percibido aumentará porque te verás mejor, y tendrás más energía, porque eliminarás grasa y tu organismo será

54. Mujcic, R. y J. Oswald, A. (2016).

más productivo. Otro aspecto muy relacionado con los buenos hábitos que te aportan energía es el sueño[55]. Dormir las horas necesarias (mínimo 7 horas cada día, aunque lo ideal son 8) es fundamental, así como que se trate de un descanso de calidad, reconfortante, que te permita recargar las pilas. Puedes hacer ejercicios de relajación antes de acostarte, como los que verás en el siguiente capítulo. Sin energía vital es difícil sentirse bien. Cuando descansas tu cerebro «saca la basura», elimina componentes perjudiciales para tu salud y tu cuerpo se recupera.

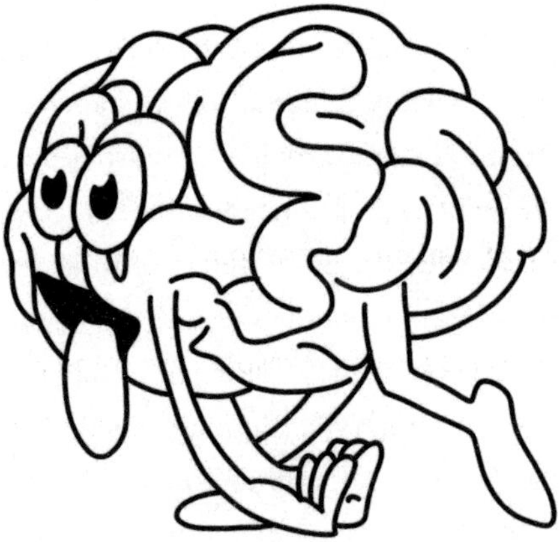

Love is in the air

Cuando te relacionas con las personas a las que quieres[56] estás produciendo oxitocina, la hormona de las relaciones, el amor y el bienestar. Dentro de este capítulo de cosas que puedes hacer para ser más feliz y tener una mejor actitud y autoestima, he dejado para el final el que sin duda es más importante. Todos suman, pero este es fundamental. ¿Quieres ser feliz? Ama. Ya lo decía John Lennon, «el amor es la

55. Dement, W. C. y Vaughan, C. (1999).

56. Kuchinskas, S. (2009).

respuesta», y así lo ha comprobado la ciencia. Multitud de estudios lo han corroborado, pero entre ellos destaca uno de la Universidad de Harvard, denominado «Estudio de desarrollo adulto de Harvard», el más extenso en la historia de la psicología, realizado a lo largo de setenta y cinco años con más de 700 personas. Su principal conclusión es que la fuente primaria de la felicidad es la valoración del amor por encima de todo[57]. Esa es la base de la felicidad. Así lo considera el psiquiatra que dirigió la investigación, George Vaillant. Sostiene que para ser felices hay dos cosas imprescindibles, una de ellas es el amor y la otra es encontrar la manera de afrontar las situaciones que hacen que el amor se acabe. Seguramente sea esta la razón principal del anterior descubrimiento, que mostraba que tener una sola pareja sexual produce mayor felicidad: se refiere a que, si sientes un gran amor, a los efectos fantásticos de las relaciones sexuales se une su máxima expresión, hacerlo con la persona que quieres.

Sigue los consejos de esta investigación sobre el amor, y una vez que lo encuentres, haz todo lo posible por mantenerlo. Ilusiónate, trabájalo, sorprende a tu persona querida, aliméntalo. Esto también sirve para otros tipos de amor, como el de tu familia o amigos. Alimenta el amor hacia tus padres, tus hijos, tus hermanos, tus amistades... incluso funciona con desconocidos. Estudios científicos[58] muestran que los actos de amabilidad y generosidad hacia los demás aumentan la felicidad en quien los realiza, en quien los recibe y también en quien los ve. No importa qué actos sean, mientras impliquen ayuda hacia los demás. Tampoco quién los reciba, funciona igual hacia cualquier persona. Cuantos más actos, más aumenta la felicidad.

---

57. Vaillant, G. E. (2008).

58. Rowland, L. y Curry, O. S. (2019).

Otra sentencia de uno de los doctores encargados del estudio, Robert Waldinger, también es esclarecedora y lapidaria: «La soledad mata». Su efecto es tan destructor «como fumar o el alcoholismo». Los resultados del estudio consideraban muy importante «mantener buenas relaciones», otra forma de amar a las personas de alrededor. Por supuesto, no se refiere a la soledad buscada, a los momentos en los que somos felices sin la compañía de los otros; se refiere a llevar una vida sin relaciones sociales ni personas que te aprecien y te importen.

Vamos a practicar algunos ejercicios para que identifiques puntos de mejora en tu vida relacionados con todos estos componentes. Tómate tu tiempo de reflexión en cada uno de ellos. Una vez los tengas completados, volveremos a retomarlos al final, cuando hagamos nuestra planificación.

Ejercicio 1. Aspectos de la felicidad

Escribe 3 ocasiones de tu vida diaria en las que te ríes intensamente.

1 ____

2 ____

3 ____

Ahora programa 3 ocasiones en las que a partir de hoy te vayas a reír diariamente.

1 ______________________________

2 ______________________________

3 ______________________________

Programa 3 situaciones diarias en las que vas a hacer deporte a partir de hoy.

1 ______________________________

2 ______________________________

3 ______________________________

Programa 3 cambios en tu dieta que vas a realizar a partir de hoy para comer de una forma más saludable.

1 ______________________________

2 ______________________________

3 ______________________________

Programa 3 ocasiones en tu día a día en las que vas a escuchar música o bailar.

1 ______________________________

2 ______________________________

3 ______________________________

Escribe el nombre de 3 personas a las que amas y programa cuándo vas a verlas en los próximos 10 días.

1 ____

2 ____

3 ____

Ejercicio 2. Diálogo interno: practica la autoafirmación

Las autoafirmaciones son declaraciones breves y positivas basadas en fortalezas y verdades conocidas, en tus puntos fuertes y habilidades. Repetir tus autoafirmaciones cuando notes que se produce un diálogo interno ayuda a vencer los pensamientos negativos, reprogramar el discurso mental y reducir bloqueos internos. Si centras la atención en tus fortalezas y te las recuerdas cada día, tu respuesta ante lo que te suceda será más rápida, segura y fiable.

Ejemplo: «Soy una persona noble y honesta, me gusta decir la verdad e ir de cara, con asertividad y sinceridad».

Lista de autoafirmaciones (recuerda, declaraciones breves y positivas basadas en fortalezas y verdades conocidas, en tus puntos fuertes y habilidades).

Autoafirmación 1 ________________________________

____

Autoafirmación 2 ________________________________

____

Autoafirmación 3 ________________________________

____

Autoafirmación 4 ________________________________

____

Autoafirmación 5 ________________________________

____

11

La atención con intención y tu cerebro. Diálogo interno y *mindfulness*

Cada mañana nacemos de nuevo. Lo que hacemos hoy es lo que más importa.

Buda

Un jornalero pobre llegó por la noche a una posada. Estaba muy cansado y tenía hambre y sed, pero no tenía dinero. Se sentó en una mesa junto a dos panaderos que comían y bebían, y les propuso una apuesta:

—Diré tres palabras que ustedes deben repetir, solo tienen dos oportunidades para hacerlo.

—Es absurdo —contestaron los panaderos—. Es un juego demasiado sencillo.

—¿Cuánto apuestan ustedes? —insistió el jornalero.

—Diez reales —contestaron los panaderos, asombrados.

El jornalero, pensando que era suficiente para comer, empezó:

—Comenzamos con esta palabra: Popocatepetl.

Los panaderos repitieron: Popocatepetl.

El jornalero dijo: mercader.

Los panaderos repitieron: mercader.

Entonces dijo el jornalero con una sonrisa: error.

Los panaderos meditaron mucho, pero no pudieron hallar su error.

El jornalero dijo:

—Vamos a por el segundo intento

El jornalero empezó otra vez y dijo: hipopótamo.

Los panaderos: hipopótamo.

El jornalero: jirafa.

Los panaderos: jirafa.

Otra vez el jornalero dijo con una sonrisa: error.

Los panaderos, sorprendidos, pagaron la apuesta no sin antes preguntar asombrados:

—¿Cuál ha sido nuestro error?

El jornalero dijo:

—Nunca han pronunciado la tercera palabra: error.

Las 3 palabras. Cuento anónimo sobre la atención

Como ya hemos aprendido, nuestro cerebro se va esculpiendo según aquello a lo que prestamos atención en cada momento. La mejor forma de controlar el proceso es practicando *mindfulness*[59]. Consiste en observar nuestras experiencias internas, lo que nos pasa en la vida, sin juzgarlo. Supone ver desde una posición de espectador lo que está aconteciendo, sentir cada momento, ser conscientes en cada instante de lo que está sucediendo en nuestra vida. Una de las definiciones más claras del *mindfulness* es: la atención con intención.

---

59. Ludwig, D. S. y Kabat-Zinn, J. (2008). Kabat-Zinn, J. (2003), (2005). Davidson, R. J., Kabat-Zinn, J., Schumacher, J., Rosenkranz, M., Muller, D., Santorelli, S. F. y Sheridan, J. F. (2003). Tang, Y. Y., Hölzel, B. K. y Posner, M. I. (2015).

Lo que te ocurre no es parte de tu persona, ya que tú eres el sujeto al que le están ocurriendo las cosas. El *mindfulness* consiste en comprender y sentir lo que está pasando. Somos eso a lo que le prestamos atención.

La meditación y la atención plena (*mindfulness*) son unas aliadas maravillosas para cambiar y conseguir cualquier logro en la vida. Sus beneficios están totalmente corroborados por la comunidad científica. Existe una cátedra de *mindfulness* en el MIT (Massachusetts Institute of Technology) de Boston, una de las universidades más prestigiosas del mundo. La meditación y el *mindfulness* modifican nuestro cerebro, nuestros genes, cambian el sistema inmune y nuestra capacidad para luchar contra las enfermedades[60].

La inmensa mayoría de los deportistas y competidores de élite, así como de grandes empresarios, y cada vez más personas en general, utilizan técnicas de *mindfulness* para estar conscientemente atentas en cada momento. La meditación consigue que unas de las ondas electromagnéticas que emite tu cerebro, en concreto, las beta, cambien a alfa y theta. La principal utilidad de este proceso es que te permite modificar

60. Goleman, D. y Davidson, R. J. (2017).

comportamientos a nivel inconsciente. Como siempre, al principio tendrás que practicarlo de forma consciente, realizando ejercicios de atención a lo que ocurre en el presente. Pero, cuando tengas tu cerebro lo suficientemente entrenado en estas técnicas, lo harás de manera inconsciente y automática. Obtendrás todos los beneficios de la práctica sin darte cuenta, tu cerebro utilizará las herramientas aprendidas de *mindfulness* sin que tengas que hacerlo conscientemente.

Si no has practicado nunca esta técnica, empieza sin expectativas; que te sirva solamente para conectar con tu yo interno, centrarte y relajarte, utilizar la fuerza de tu mente y ser consciente del momento. Manejar tu cerebro es como conducir. Si lo haces sin prestar atención, te saldrás de la carretera.

Beneficios de la meditación y el mindfulness

1. Activa los circuitos cerebrales de experiencia directa. Te aleja de los estados negativos propios del *default*.
2. Desactiva las áreas de viaje en el tiempo y autocrítica, relacionadas con emociones negativas. Ayuda a reconocer los ANTs y terminar con ellos.

3. Los sistemas cerebrales relacionados con los sentidos se fortalecen porque se presta más atención al entorno.
4. La atención es una puerta que se abre para dejar entrar más información neuronal. Si entrenas la atención, se allana el camino a la neuroplasticidad autodirigida. Realmente se produce un cambio de percepción.
5. Proporciona equilibrio, autoaceptación, concentración, calma y paz interior.
6. La práctica de atención plena continuada conduce a una reestructuración emocional y motivacional, y afecta a los patrones automáticos. Fomenta la reflexión, rompiendo o flexibilizando los condicionamientos y automatismos. Es decir, hace que se modifiquen emociones negativas ligadas a algunos pensamientos, y ayuda a no responder de manera automática. El *mindfulness* facilita la aplicación de la técnica que has aprendido para cambiar, consistente en reconocer una emoción, analizar si es necesario regularla, y si lo fuera, aplicar conscientemente el pensamiento mata-ANTs.

Practica la meditación y el *mindfulness* de forma frecuente, para bajar tus niveles de estrés, mejorar tu salud y estar en forma mentalmente. Te servirá para avanzar en el camino para ser más feliz.

Estas son algunas de las máximas del *mindfulness*:

- Yo no soy una emoción o experiencia, sino la persona, el SER al que le sucede.
- Todo lo que hagas hazlo con mente de principiante, como si fuera la primera vez. Aunque sea una tarea que realizas de forma rutinaria, conviértela en un descubrimiento. Para ello son necesarias apertura, observación sin juicio y curiosidad.
- Calma la mente para ver con claridad, para ver las cosas tal como son.
- Elimina todo aquello que puede contaminar el aquí y ahora: comparaciones, expectativas, deseo y aversión, inmediatez,

compulsión, consumismo, no aceptar las cosas como son o pensar continuamente en «debería, tendría».

Cuando adviertas que tu mente se distrae, trátate con amabilidad, renueva tu exigencia, no es nada «malo» (no te juzgues). No tengas expectativas acerca de cómo tendría que ser el momento en el que estás. El *mindfulness* nos ayuda a bailar con la mente, lo importante es que no trates de controlarla, que seas amable con ella. Céntrate en el proceso y no en el resultado.

Respiración diafragmática o abdominal

Respirar es una tarea que podemos hacer consciente e inconscientemente. Muchos investigadores consideran que la respiración es la auténtica puerta de entrada de un sistema al otro. Cuando respiramos, lo hacemos generalmente de manera superficial, es la respiración torácica (notamos que se expanden y se contraen nuestras costillas). Ahora, vamos a aprender otro tipo de respiración: la diafragmática o abdominal, que además de ayudarnos a controlar el estrés, oxigena y purifica la sangre. Esta técnica de respiración es uno de los secretos mejor guardados del grupo de operaciones especiales de la marina de EE. UU., los Navy SEALs, uno de los cuerpos militares más conocidos por su nivel de exigencia y excelencia. Ellos la llaman respiración táctica, *tactical breathing* o *box breathing*. El entrenamiento mental es una parte esencial en sus rutinas diarias y la respiración está en el centro de todo, ya que se enfrentan a situaciones de alta presión y para superarlas necesitan herramientas que les permitan maximizar su atención y concentración, y mantener la calma en estado de alerta. Se trata de un método utilizado en distintas culturas desde hace muchísimos años y cuyos resultados ha corroborado la ciencia en experimentos de laboratorio. Su práctica se ha extendido en muchísimos ámbitos: ha sido incorporada a las rutinas de entrenamiento de deportistas de élite, de ejecutivos de grandes empresas, en terapia psicológica y, en definitiva, ha resultado útil para todas aquellas personas que quieren mejorar el control sobre sí mismas. La lista de sus beneficios es interminable. Entre los más destacados: reduce el estrés y la ansiedad, activa el sistema de la relajación, mejora el sistema inmunológico, permite tomar el control sobre la regulación emocional, mejora la atención, la concentración y el rendimiento, oxigena la sangre y optimiza el funcionamiento del organismo en general. Ahora tienes la oportunidad de beneficiarte de este tipo de respiración.

Funciona así: se eleva el diafragma, que está justo debajo de los pulmones. Ahí se encuentra el nervio vago. Es el encargado de favorecer el estado físico de descanso y desactivación de respuestas ansiosas. Cuando es estimulado por el diafragma provoca inmediatamente la respuesta de disminución de la alerta. Su sola estimulación, produce al instante relajación[61].

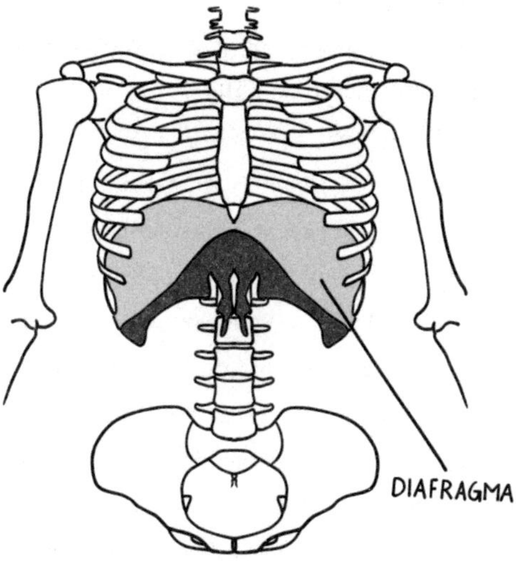

Podrás encontrar videos y recursos online que te facilitarán su aprendizaje. La técnica de la respiración diafragmática es la siguiente:

61. Ma, X., Yue, Z. Q., Gong, Z. Q., Zhang, H., Duan, N. Y., Shi, Y. T., Li, Y. F. *et al.* (2017).

- Coloca una mano en la zona superior del pecho y la otra en el abdomen. Así vas a poder controlar sus movimientos y saber si lo estás haciendo correctamente. Cuando lo tengas dominado podrás mover las manos y dejarlas relajadas.
- Toma aire por la nariz, contando hasta 4, de forma que la mano que tienes apoyada en el abdomen se levante (como si hincharas la barriga para respirar). La mano del pecho apenas debe moverse.
- Retén el aire contando hasta 2.
- Suelta el aire lentamente por la boca contando hasta 4. Aprieta el abdomen para expulsar el aire (la barriga se contrae).
- Espera 2 segundos antes de volver a coger aire.

En solo un par de minutos vas a pasar a un estado de relajación y calma progresiva que se acentuará a medida que sigas practicando. Insisto en que te relajarás, aunque no lo quieras, porque el movimiento del diafragma estimula automáticamente el nervio vago.

Ejercicio 1. Mindfulness

Esta práctica puedes realizarla tanto en posición tumbada como sentada. Si eres de las personas que se duermen con facilidad, siéntate en una silla y deja reposar las manos en tus piernas. Si crees que puedes estar 15 minutos relajado y sin dormirte, puedes hacerlo en la cama.

En cualquier caso, asegúrate de que no vas a sufrir interrupciones. Apaga el móvil. Si quieres, puedes poner música de concentración y relajación. En internet tienes muchísimas listas gratuitas. Es importante que no tenga letra, que sea una música que creas que te va a relajar. Puedes pedirle a alguien que te lea este ejercicio mientras lo realizas o, incluso mejor, puedes grabarte leyéndolo tú al ritmo que consideres (pausado y tranquilo, por favor), y luego reproducirlo. Puedes hacerlo varias veces, hasta que des con la latencia apropiada:

Cierra los ojos. Nota cómo el aire de tu respiración entra y sale de tu cuerpo. Centra tu atención en tu nariz, y observa cómo el aire entra y sale de la misma. Solo céntrate en tu respiración, sin cambiar el ritmo. Si empiezas a pensar en lo que vas a hacer después, o en preparar la comida, o en la película que has visto en el cine, o en cualquier otra cosa, repite internamente «no pasa nada, vuelvo a la respiración», y céntrate de nuevo en ella. Permanece inmóvil, con el foco y la atención en tu respiración.

Cuando hayas terminado, permanece inmóvil el rato que consideres oportuno, en un estado de relajación y tranquilidad. Agradece las cosas buenas de la vida, las tuyas y también las de tus seres queridos. Siente lo maravilloso que es volver a nacer cada día. Puedes abrir los ojos e ir moviendo lentamente tu cuerpo.

Ejercicio 2. Relajación

Esta meditación busca que tomes conciencia de todo tu cuerpo. Esta práctica puedes hacerla tanto en posición tumbada como sentada. Si crees que puedes estar 20 minutos en quietud y sin dormirte, puedes hacerla en la cama.

Asegúrate de que no vas a tener interrupciones. Apaga el móvil. Si quieres, puedes poner música de concentración y relajación. Puedes pedirle a alguien que te lea este ejercicio mientras lo realizas, o grabarte leyéndolo tú y luego reproducirlo:

Cierra los ojos. Nota cómo el aire de tu respiración entra y sale de tu cuerpo. Centra tu atención en tu nariz, y observa cómo el aire entra y sale de la misma. Observa cualquier pensamiento o emoción, déjalos pasar como si fueran nubes, no te molestan. Presta atención a tu respiración, sin modificar el ritmo de la misma. Es normal que aparezcan pensamientos del día a día, qué vas a hacer después, o si hay que preparar la comida, o la película que has visto en el cine, o cualquier otra cosa. Solo déjalos ir y redirige tu atención, de nuevo, hacia la respiración. Ponte cómodo, con el foco en la respiración.

Ahora, siente el contacto de todo tu cuerpo con la silla o el colchón. Sé consciente de los músculos que están tocándolo. Presta atención a los dedos de tu pie derecho. Explora qué tipo de sensaciones te despiertan. Si están tocando algún zapato o sábana. Y repite de forma interna: «dedos, calma». Hazlo 3 veces. Dirige ahora la atención a tus piernas. Siente tus pantorrillas, rodillas y muslos. Observa si están en contacto con algún pantalón o superficie. Ordena que se relajen, que descansen, 3 veces. Ahora haz lo mismo con los dedos de tu pie izquierdo, y después con tu pierna izquierda. A continuación, sube hasta tus caderas, nalgas y lumbares. Explora qué sientes, prestando atención consciente. A continuación, repite 3 veces: «Calma. Descansad».

Seguimos centrándonos en la respiración, y en la atención a nuestro cuerpo. Subimos ahora a la zona del intestino, aparato digestivo, diafragma y abdomen. Notamos, cada vez que inspiramos, cómo se infla y cómo se desinfla de forma natural al espirar. Contamos 5 respiraciones completas. Sentimos nuestro organismo, tanto por dentro como por fuera. Y le ordenamos relajarse. «Calma, puedes descansar». Lo hacemos 3 veces.

Si en algún momento nos descubrimos pensando en otra cosa, tanto positiva como negativa, dejamos ir sin culpar y volvemos a centrarnos en las sensaciones corporales, a prestar atención consciente a nuestro cuerpo.

Subimos a la zona de los pulmones, corazón, espalda superior y brazos. Notamos su contacto con cualquier superficie. Nos fijamos en cualquier molestia que podamos sentir, y relajamos esa parte de nuestro cuerpo. Mandamos calmarse a todas las zonas, tanto internas como externas. «Calma. Podéis descansar». Lo repetimos 3 veces: calma.

Finalmente, nos centramos en nuestra cabeza, en los músculos de nuestro cuello, en la cara y los dientes. Notamos las sensaciones que nos ofrecen, las tensiones acumuladas, y mandamos que se relajen. Descansamos totalmente los músculos faciales, que no haya ninguno activo. Desconectamos cualquier pensamiento, ordenamos a nuestro cerebro que se relaje. «Cerebro, calma. Mente, calma. Cerebro, calma. Mente, calma».

Quédate así el tiempo que necesites, sintiendo todo tu cuerpo en estado de total relajación. Desconecta todos los músculos. Sigue con el foco en tu respiración, en cómo entra y sale el aire y cómo sube y baja tu diafragma. Agradece las cosas buenas de la vida, las que tienes tú y también las de tus seres queridos. Siente lo maravilloso que es volver a nacer cada día.

Cuando quieras, puedes abrir los ojos e ir moviendo lentamente tu cuerpo.

Ejercicio 3. Mindfulness

Explora tus 5 sentidos. Presta atención durante estos días a los estímulos que percibes a través cada uno de ellos, y completa qué nuevas percepciones has experimentado que te han llamado la atención y que habitualmente te pasarían desapercibidas.

Olfato

1 ____________________

2 ____________________

3 ____________________

Gusto

1 ____________________

2 ____________________

3 ____________________

Tacto

1 ____________________

2 ____________________

3 ____________________

Vista

1 ____________________

2 ____________________

3 ____________________

Oído

1 ____________________

2 ____________________

3 ____________________

Ejercicio 4. Mindfulness

Pon atención a 5 momentos agradables que acontecen durante tu día a día (tal vez un simple paseo o un encuentro con amigos). Reconoce las sensaciones, emociones y pensamientos que los acompañan.

1 ____________________

EMOCIÓN: ____________________

2 ____________________

EMOCIÓN: ____________________

3 ____________________

EMOCIÓN: ____________________

4 ____

EMOCIÓN: ____________________________________

5 ____

EMOCIÓN: ____________________________________

Ejercicio 5. Mindfulness

Piensa en una palabra clave, la que tú quieras. Esa va a ser tu palabra de anclaje para activar el «modo atención plena». Cuando estés realizando cualquier tarea y te descubras pensando en otra cosa, debes decirte a nivel interno esa palabra y, seguidamente, prestar atención al momento. Cuando te sorprendas en «modo distracción», es decir, pensando en otra cosa que no tiene nada que ver con el momento, etiquétalo como «pensando, pensando». Y seguidamente utiliza tu palabra clave de anclaje para prestar atención al presente. Puedes acompañar esa palabra con un pequeño ejercicio, por ejemplo, de respiración abdominal. Ejemplos para palabra clave:

- Iris
- Star
- Ahora
- Candela
- Mandrágora
- Cuchifrito

Vamos, que te sirve cualquiera que te guste como suena o tenga algún significado para ti.

Ejercicio 6. Mindfulness

Compra en una librería o tienda un paquete de pegatinas pequeñas circulares, si puede ser de diferentes colores. Colócalas en lugares bien visibles, como por ejemplo la mesa del comedor, tu portátil, la nevera, el espejo del cuarto de baño o la mesilla de noche. Cuando las veas en tu día a día, utilízalas para recordarte que debes prestar atención al presente y realizar tres respiraciones conscientes. Puedes también rememorar tu palabra clave de anclaje para recordarte la necesidad de dejar de pensar en otras cosas que te lleven lejos del aquí y ahora.

Ejercicio 7. Mindfulness

Comer con conciencia. Elige una comida del día durante la cual no tengas prisa. Elimina todos los estímulos externos, apaga la televisión y la música, y evita cualquier cosa que te pueda distraer. Antes de comenzar la comida, realiza primero un par de respiraciones conscientes. Seguidamente, presta atención a los sonidos que te rodean. Contempla la forma y los colores de lo que vas a comer. Cuando introduzcas los alimentos en la boca, saboréalos a conciencia. Trata de reconocer si se trata de un sabor salado, amargo, dulce o ácido. Mastica despacio, analizando cada sabor. Come con tranquilidad, alternando respiraciones conscientes. Disfruta de este maravilloso momento.

Ejercicio 8. Mindfulness

Este ejercicio debes realizarlo cuando ya lleves unas semanas de práctica de *mindfulness*. En una situación de estrés o emoción intensa, trata de observarte con curiosidad, aceptación y apertura. Intenta ver tu mente desde fuera, como lo haría un observador imparcial, como si estuvieras investigando tu reacción en ese momento, de forma científica. Recuerda que tú no eres esa experiencia ni esa emoción, eres solamente la persona a la que le está ocurriendo. Trata de delimitar si existe algún patrón reactivo subyacente, como por ejemplo una reacción ante tu jefe, o ante una situación o circunstancia. Observa cómo se expresa en el cuerpo.

Ejercicio 9. Diálogo interno: el diario de gratitud

Un diario de gratitud es parecido a un diario normal, pero solo debes escribir en él aquello que te despierta una emoción de agradecimiento.

Debe ser una experiencia gratificante, no algo que te sientas obligada a hacer. Los pensamientos que escribas en este diario te ayudarán a concentrarte en lo que es bueno en tu vida. Las personas agradecidas experimentan menos dolores y molestias y se sienten más saludables[62]. No hace falta que escribas todos los días, pero debes utilizarlo con frecuencia e ir ampliándolo de forma continua. Puedes programar, por ejemplo, un par de momentos a la semana durante los cuales disfrutes de la suficiente tranquilidad, y escribir aquellos aspectos de tu vida, aunque sean triviales, que van bien y por los que sientes gratitud. La parte económica, el trabajo, el amor, tus hijos, tus padres, tus amigos, tu ocio... Seguro que encuentras aspectos que hacen que te sientas feliz.

Para terminar este capítulo quería añadir un último gran beneficio de la práctica del *mindfulness* (y del diálogo interno compasivo, la relajación y la meditación). Y es que, al ser el puente entre la conciencia y el inconsciente, contribuye de forma significativa a que los cambios que se producen de forma consciente se efectúen luego inconscientemente. Ya hemos visto que todas las mejoras que vamos a implementar van a ser impulsadas por nuestra conciencia, con nuestro plan de cambio. Al ejercitar estas prácticas, ayudarás a tu cerebro a conseguir que pasen a ser utilizadas por los módulos cerebrales que se encargan de funcionar de forma inconsciente, y así los convertirás en hábitos que se convertirán en tus creencias. Será tu sistema de funcionamiento «por defecto». Te tomarás la vida con más tranquilidad y te hablarás con cariño y respeto.

---

62. Watkins, P. C., Woodward, K., Stone, T. y Kolts, R. L. (2003).

12

Mira, escucha, utiliza tus sentidos. Hay un mundo ahí fuera. Hay incluso personas

Abre tus sentidos para no perderte nada de lo bello y hermoso que te rodea.

Pablo Picasso

Cuentan que a un oasis llegó un joven, tomó agua y, tras asearse, preguntó a un viejecito que se encontraba descansando:

—¿Qué clase de personas hay aquí?

—¿Qué clase de gente había en el lugar de donde tú vienes? —respondió el anciano.

—Oh, un grupo de egoístas y malvados —replicó el joven—. Estoy encantado de haberme ido de allí.

A lo que el anciano comentó:

—Lo mismo habrás de encontrar aquí.

Ese mismo día, otro joven se acercó a beber agua al oasis y, viendo al anciano, preguntó:

—¿Qué clase de personas viven en este lugar?

El viejo respondió con la misma pregunta:

—¿Qué clase de personas viven en el lugar de donde tú vienes?

—Un magnífico grupo de personas, honestas, amigables, hospitalarias, me duele mucho haberlos dejado.

—Lo mismo encontrarás tú aquí —respondió el anciano.

Un hombre que había escuchado ambas conversaciones le preguntó al anciano:

—¿Cómo es posible dar dos respuestas tan diferentes a la misma pregunta?

—Cada uno lleva en su corazón el medioambiente donde vive. Aquel que no encontró nada bueno en los lugares anteriores donde estuvo no podrá encontrar otra cosa aquí. Aquel que encontró amigos allí podrá encontrar amigos aquí.

Cuento árabe anónimo

Como vimos anteriormente, el cerebro es capaz de percibir conscientemente 11 millones de unidades de información (bits) cada segundo, mediante los 5 sentidos. Esa fuente de información tan importante es fundamental para la toma de decisiones. En base a todos esos datos que vamos almacenando, el cerebro hace comparaciones entre lo que espera que ocurra y lo que finalmente acontece. Toda esta información está almacenada a nivel inconsciente, y ni siquiera nos damos cuenta de que la hemos adquirido. Nuestra intuición muestra soluciones sencillas, basadas en toda esta información, a problemas que, a veces, son muy complejos.

Nuestros sentidos son la principal fuente de documentación sobre el exterior y muchas veces también sobre nuestro interior. Cuando prestamos atención a algunos aspectos visuales de nuestra persona o escuchamos lo que decimos, estamos confirmando o rechazando supuestos que son la base de la imagen que tenemos de nosotros mismos y del entorno. Esa idea sobre nuestra persona es una de las mayores barreras para conseguir las metas que queremos alcanzar. ¿Y por qué? Muy sencillo. Porque frecuentemente suele ser limitante, del estilo «no tengo tantos conocimientos», «no puedo conseguirlo», «por mucho que pudiese trabajar, nunca llegaría a hacerlo» o «no tengo suerte con las personas que conozco», como en el caso de nuestro cuento.

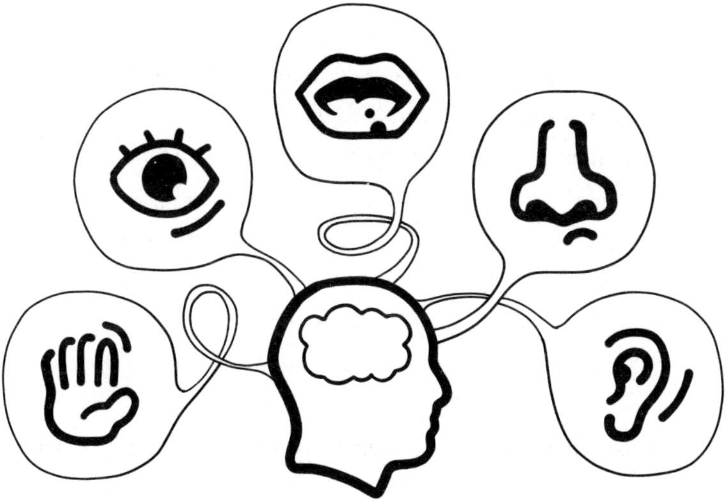

En este desarrollo se basa el proceso de aprendizaje, como veremos en el capítulo 13.

Me gustaría ahora proponerte un ejercicio, ideado por Javier Gil, especialista en PNL (programación neurolingüística).

Imagina que quieres comprar una casa y te encuentras con las siguientes 3 descripciones. ¿Cuál elegirías?

1. La primera es pintoresca y posee unas espléndidas vistas. Tiene un jardín muy cuidado y colorido, con árboles, césped y arbustos con variados tonos de verde. Es luminosa y acogedora. Toda ella tiene un brillo muy especial. Al ser muy soleada, el gasto en calefacción es prácticamente nulo.
2. La casa número dos es agradable y silenciosa. Está situada en una zona alejada del tráfico y del ruido. Su distribución es

única, está diseñada como si fuera una orquesta bien afinada. El jardín y las zonas exteriores hablan por sí mismas. Su precio está en sintonía con su magnífica calidad de construcción.

3. La tercera casa ha sido edificada por una empresa con una sólida reputación. Es acogedora, gracias a todos los detalles que han incorporado los dueños anteriores. Es amplia y uno se siente inmediatamente a gusto en su bien diseñada sala de estar. La vivienda está muy bien construida y puede resistir perfectamente los fuertes vientos y las bajas temperaturas. Esta es una casa que cada vez te gustará más, y pronto descubrirás que te sienta como anillo al dedo.

¿Cuál te gusta más, la primera, la segunda o la tercera?

Estas tres descripciones corresponden a la misma casa, solo que están definidas desde 3 sistemas representacionales diferentes: visual (distancias, tamaños), auditivo (banda sonora) y somático o kinestésico (sentidos, sensaciones)[63].

Algunas personas procesan de forma más sencilla los estímulos con uno solo de sus sentidos. Por esto utilizan generalmente descripciones y expresiones marcadamente relacionadas con él. Por ejemplo, si su sistema representacional es visual hablan de «lo bien que te ven» o de que «hay que tener mucho ojo» o usan expresiones de este estilo. Otras personas están más equilibradas en cuanto a la percepción de los sentidos.

¿Y qué es lo mejor? No existe un sistema representacional bueno ni malo. Lo interesante es que te conozcas, que sepas si, en tu caso, existe algún sentido que presenta una fuerte dominancia sobre el resto. El ejercicio anterior puede ayudarte a identificarlo. Si quieres seguir investigando, te planteo que observes tu forma de hablar cuando te comunicas.

Esta descripción de los sistemas nos ayuda también a relacionarnos con los demás. Podemos analizar la forma de comunicarse de nuestros interlocutores para determinar cuál es su sentido predominante, si tiene alguno. Se calcula que el 93 % de nuestra comunicación

---

63. Sharpley, C. F. (1984).

no es verbal. En concreto, el lenguaje corporal representa un 55 % y el tono de voz un 28 %. Para comunicarnos eficazmente con nuestro entorno es muy importante que estemos atentos a los mensajes que nos envían los demás, tanto con su postura verbal como con la forma de utilizar la voz. Todos sabemos que es mejor no compartir la vida con aquellas personas que nos tratan a gritos. Pero también podemos detectar la forma en que nos hablan con otras emociones, como amor, alegría, desprecio o tristeza.

Amistad, divino tesoro

En el capítulo 10 vimos una serie de componentes muy importantes para ser felices, pero hubo uno que, intencionadamente, apenas mencioné, y es la amistad. La falta de conexión social es tan dañina como el alcoholismo y dos veces peor que la obesidad. Se calcula que el aislamiento, la soledad y la falta de relaciones de amistad son tan perjudiciales para la salud como fumar 15 cigarrillos al día[64].

La libertad para escoger relaciones genera una amplia gama de opciones de amistad, desde la más superficial a la más íntima, y todas ellas juegan un papel determinado en la felicidad y el bienestar de las personas. La clasificación más habitual es la que distingue entre los amigos íntimos, los buenos amigos y los amigos circunstanciales[65]:

- La amistad íntima es aquella que supera el espacio y el tiempo (a veces podemos estar años sin saber nada de estos amigos, o mantener viva la amistad a pesar de hallarse estos muy lejos), pero su mera existencia proporciona una gran seguridad

64. Holt-Lunstad, J., Smith, T. B., Baker, M., Harris, T. y Stephenson, D. (2015).

65. Zaccagnini, J. (2010).

afectiva. En general, solo se tienen tres o cuatro amigos de este tipo. Tienen una importancia psicológica muy importante porque suponen un apoyo emocional en momentos críticos.

- Los buenos amigos también juegan un papel importante en el bienestar psicológico, principalmente en la autoestima y el reconocimiento. Con ellos se sale, se comparten conversaciones, se realizan actividades por afinidad de gustos y se les tiene un cierto grado de confianza.
- Los amigos más numerosos son los circunstanciales. Muchas veces se comienza por obligación (por el trabajo o por alguna actividad lúdica), pero con ellos se siente una conexión especial que hace ir más allá del mero deber de mantener una relación. Se basa en el respeto mutuo y en los intercambios de ayuda puntuales relacionados con el aspecto que mantiene la unión.

Todas las relaciones de amistad son importantes, incluso las circunstanciales. Aunque no se les da mucha importancia, aportan la felicidad cotidiana, ya que estos amigos suelen ser aquellos con los que pasamos la mayor parte del día. El esfuerzo por mostrarse simpático con alguien con quien no se tiene demasiada confianza favorece por sí mismo el buen estado de ánimo[66].

Mantener relaciones sanas con tu entorno desarrolla la empatía con los demás, lo cual es una fuente de felicidad[67]. Debes tener presente que existen dos tipos de empatía, la emocional y la cognitiva. Cuando se tiene empatía emocional, se comprende lo que la persona está sintiendo. La de tipo cognitivo supone entender lo que la otra persona está pensando. Muchas veces tus amistades buscan que entiendas cómo se sienten (empatía emocional) y les ofreces soluciones para sus problemas (empatía cognitiva). Identificar qué es lo que buscan aquellas personas que quieres, ya

---

66. Kitayama, S. y Markus, H. R. (2000).

67. Tullett, A. M. y Plaks, J. E. (2016).

sean amistades, familia o pareja, y conseguir expresarte para llegar de la manera más apropiada, según su sistema de sentidos predominante, es una tarea de auténtico crack, de maestro *senséi*, pero… ¡tú puedes conseguirlo! La clave está, como siempre, en hacerlo desde el amor, con la mejor intención posible. Al fin y al cabo, son importantes en tu vida.

Un pequeño recordatorio: cuando estés con una de esas personas importantes en tu vida y comience a alabarte, a echarte piropos, a destacar tus puntos fuertes… en definitiva, a hablar bien de ti, NUNCA, repito y en mayúsculas otra vez para que veas lo importante que es, NUNCA la interrumpas, escúchala atentamente. Esas alabanzas son un auténtico tesoro para tu autoestima. Tú eres esa persona, tú despiertas esos sentimientos. Apúntatelo para cuando te etiquetas o defines de forma no muy agradable o con pensamientos limitantes. Eso es lo que opina de ti alguien que te conoce bien. Cuando alguien nos hace un cumplido, nos anima o nos consuela, nos sentimos bien y encontramos calma y bienestar. Nuestros cerebros reaccionan positivamente al halago, tanto ofreciéndolo como recibiéndolo[68].

El peligro de externalizar tus opiniones

Estamos en una época con acceso a mucha información de forma continua. Es fácil manipularnos mediante el miedo.

Cuando te levantas cualquier día, si lees el periódico vas a recibir una sarta de tortazos tal, que te van a entrar ganas de volver a la cama y no salir de ella en todo el día. Si eres de las personas que suele ver el telediario, ten a mano los antidepresivos, porque los vas a necesitar. Encima, esas noticias se producen a la hora de comer o justo después de hacerlo, un momento en que nos pillan relajados y con las defensas bajas. Vivimos en una sociedad en la que las situaciones excepcionales se nos presentan como si fuesen lo más normal, y nos encontramos rodeados de noticias

68. Zuazo, A. y González, J. (2022).

que nos asustan continuamente. El miedo nos tiene paralizados… así no damos mucha guerra, pues nos sentimos afortunados en comparación con todo lo que vemos. Existe una explicación científica, e incluso psicológica, de por qué nos sentimos atraídos y a la vez incomodados por estas noticias relacionadas con la muerte y las desgracias.

La realidad es que vivimos en la mejor época de la historia de la humanidad. Con el menor número de guerras en el mundo, con más derechos y protección que nunca, con los mayores avances en medicina y salud, que permiten en general tener una vida larga y confortable.

La mayoría de medios ya no emite prácticamente noticias de forma objetiva. Todo son artículos de opinión, con una parte de sucesos, para animarnos a pensar de la forma que sugiere la línea editorial del medio en cuestión. Se busca generar tráfico en redes, páginas web y blogs. Nos ponen noticias que llaman la atención en base a aspectos que le encantan a nuestro cerebro (supervivencia y sexo, ¿te suenan?), para que sigamos leyendo, entremos a su contenido y cambiemos nuestra forma de pensar.

Al percibir todos estos estímulos, es normal que pienses que, con lo mal que está todo, lo mejor es seguir como hasta ahora y no cambiar. Tu cerebro piensa que a ti no te ha pasado nada tan grave hasta ahora, y que lo mejor que puedes hacer es no cambiar. Ante cualquier circunstancia se activarán los circuitos de los hábitos, y seguirás igual, sin cambiar, sin procurarte felicidad.

Por supuesto que es importante que tengas información sobre las cosas que ocurren y que te conciernen. Ya sea una huelga de autobuses el próximo lunes u obras en la carretera que lleva a tu pueblo o ciudad. Pero lo que no necesitas conocer es otro tipo de noticias que producen únicamente alarma y te aferran a no cambiar, a seguir igual. Debes tratar de diferenciarlas unas de otras. Durante esta época de cambio, tienes que cuidarte, debes procurarte el espacio y estímulos apropiados. Y evitar la información que no sea necesaria. Cuando veas un informativo o escuches las noticias, debes ser muy consciente de lo que estamos comentando, de la intención que tiene generalmente esa información, y del efecto que puede tener en ti.

Y, en este sentido, como tarea obligatoria a corto plazo y consejo a medio y largo plazo, debes reducir la exposición diaria a noticias y programas sensacionalistas. Mantener una dieta «hipoinformativa» va a conseguir que te sientas más feliz, sin duda.

Céntrate en el momento. Si te pasas tanto tiempo escuchando las desgracias que ocurren en el mundo, te pierdes todo lo maravilloso que te podría dar el tiempo presente. También pasan millones de cosas fabulosas a tu alrededor, pero esas no vas a encontrarlas en las noticias.

Recuerda que, muchas veces, detrás de una información que se presenta como objetiva existen otros intereses que no son los tuyos. Si quieres informarte más sobre algún tema, te daría los siguientes consejos:

1. Lee la noticia breve sobre el tema en cuestión.
2. Busca en fuentes que no sean de la prensa habitual (artículos o *journals* de investigación).
3. Busca las opiniones totalmente contrarias a la que ya te has formado, para ver lo que opinan aquellos que no lo hacen como tú.
4. Plantéate hipótesis sobre la situación, y vuelve a investigar.
5. Saca tus conclusiones.

Evita caer en la trampa que nos pone nuestro cerebro de no gastar y dejar que otros piensen por ti. Tú tienes tus propios objetivos, como mejorar tu autoestima, tu actitud y tu felicidad.

Ejercicio empatía 1

Queda con una persona importante para ti y tómate un café con ella. Deja de escuchar durante 2 minutos y fíjate en el resto de la información: capta el tono de voz, observa la postura corporal, la mirada, la expresión facial en su conjunto, los gestos, aprecia los silencios. Analiza qué información te está comunicando con esos aspectos no verbales.

Ahora presta atención a su comunicación, y trata de detectar si expresa algún tipo de sistema sensitivo predominante, visual, auditivo o kinestésico.

Ejercicio empatía 2

Busca una persona con la que te resulte muy difícil ser empático, comprenderla o entenderla, y esfuérzate durante unos 15-20 minutos por entenderla. Trata de salir de tus zapatos para ponerte en los suyos.

13

Pasar a la acción. Huye de la forma más cruel de acabar con tu autoestima: aburrirte

¡Hazlo! Como si ya no te jugaras nada.
Como si fueras a morir mañana.

Leiva

Todos tenemos dos vidas.
La segunda empieza cuando te das cuenta
de que solo tienes una.

Confucio

La siguiente historia (algunos investigadores la consideran un mito) ocurrió alrededor del año 335 a. C., al llegar a la costa de Fenicia, Alejandro Magno debió enfrentar una de sus más grandes batallas. Al desembarcar, comprendió que los soldados enemigos superaban tres veces en número a los de su ejército. Sus hombres estaban atemorizados y no encontraban motivación para enfrentar la lucha. Habían perdido la fe y se daban por derrotados. El temor había acabado con aquellos guerreros invencibles.

Cuando Alejandro y sus tropas desembarcaron en la costa enemiga, dio la orden de que fueran quemadas todas las naves. Mientras los barcos se consumían en llamas y se hundían en el mar, reunió a sus hombres y les dijo: «Mirad cómo se queman los barcos. Esta es la única razón por la que debemos vencer, ya que, si no ganamos, no podremos volver a nuestros hogares y ninguno de nosotros podrá reunirse con su familia nuevamente, ni podrá abandonar esta tierra que hoy despreciamos. Debemos salir victoriosos en esta batalla, pues solo hay un camino de vuelta, y es por mar. Caballeros, cuando regresemos a casa, lo haremos de la única forma posible: en los barcos de nuestros enemigos».

El ejército de Alejandro venció en aquella batalla, y regresó a su tierra a bordo de las naves conquistadas[69].

La oportunidad de cambio no se debe esperar, es algo que tienes que conquistar con tesón, fe, esperanza, con el convencimiento del que sabe que lo va a lograr. Esto sirve para cualquier objetivo que te puedas plantear, ya sea en el trabajo, dinero, amor, relaciones con otros o

69. Campuzano Arribas, M. (2010). https://www.eldiariodecatamarca.com.ar/nota03/48175-alejandro-magno-quemar-las-naves

aspectos de cambio interno personal. Al igual que le ocurrió a Alejandro Magno, las condiciones para lograr éxitos no suelen ser fáciles. No hay otro camino aparte de ser tenaz, luchar, creer, no rendirse y jamás volver la espalda.

La mayoría de las personas están llenas de buenas intenciones de cambio. Piensan que no volverán a vivir la situación que les produjo un gran dolor o un resultado terrible. Pero a la hora de pasar a la acción, siguen haciendo lo mismo de siempre, o simplemente esperan tener un golpe de suerte o que la fortuna o sus deseos vengan por sí solos. Y, por supuesto, eso raras veces ocurre. Si quieres cambiar, debes tener muy presentes tus objetivos y planificar, tal como veremos en el capítulo 18, para encontrar la motivación que te empuje a pasar a la acción.

Un indicador de que necesitas realizar cambios importantes en tu vida es si sueñas con que te toque la lotería, si te divierte idear qué harías con tanto dinero, cómo de distinta sería tu vida. Si es así, la probabilidad de que eso ocurra es inferior a la de que te caiga un meteorito encima. Suena a broma, pero no lo es. En concreto, la lotería es de 1 entre 100.000 y la del meteorito, de 1 entre 75.000[70].

Motivación de logro o de prevención

Existen dos áreas distintas del cerebro para dos funciones relacionadas con la motivación, con los impulsos que nos permiten dejar de pensar y actuar. Una de ellas está centrada en la búsqueda del placer, y la otra en la evitación del dolor. La motivación de logro es la responsable del impulso de ganar. La de prevención, del simple deseo de no perder. Estos modos pueden depender de cada contexto, pero también solemos tender a utilizar más uno de los dos.

Las personas que tienen una predominancia de motivación de logro buscan lo que quieren ser y tener. Prestan atención a los logros

70. Nelson, S. A. (2018).

positivos que pueden alcanzar. Su objetivo es sentir emociones como el entusiasmo, muy importantes a corto plazo.

Las que tienen una mayor influencia de la motivación de prevención, piensan en hacer lo correcto, en cumplir con las responsabilidades y proteger lo que tienen en un modo vigilante. Las emociones que suelen encontrar son calma y tranquilidad.

Todos tenemos ambas motivaciones. Lo inteligente es alternar ambas técnicas; como siempre, el equilibrio. En el trabajo el modo logro es más creativo y rápido, así como proclive al cambio y a las oportunidades. El de prevención aporta precisión y análisis, estabilidad, seguridad sin prisas.

¿Qué modo es el dominante en ti? ¿Te motiva el de logro o el de no fallar?

Sea cual sea el que habitualmente te rige, el consejo que te daría es que, en esta situación, te dejes llevar por la motivación de logro. El cambio tiene un espíritu de creatividad para alcanzar el objetivo que deseas, de llegar a ser quien tú quieres ser, de riesgo por hacer algo diferente.

Motivación intrínseca y extrínseca

La diferencia entre la motivación intrínseca y extrínseca[71] es el origen del estímulo que hace despertar esta conducta.

- La motivación intrínseca nace del interior de cada persona, independientemente de los estímulos externos. Las recompensas que se consiguen mediante este tipo de motivación están relacionadas con aspectos íntimos, como la satisfacción personal, la confianza, la autoestima y la generación de sentimientos de competencia. Viene marcada por el deseo de superación,

71. Bénabou, R. y Tirole, J. (2003).

las ganas de crecer como persona o la necesidad de alcanzar una meta que nace de tus deseos...

- La motivación extrínseca, por el contrario, está centrada en la consecución de una recompensa externa, el deseo de reconocimiento o la evitación de una consecuencia negativa o castigo. Un ejemplo podrían ser las actividades que llevamos a cabo por un aumento de sueldo, o para que no nos echen del trabajo. Este tipo de motivación se centra en el refuerzo por parte de una tercera persona, y en ella son aspectos muy importantes los elogios y opiniones que los demás emiten.

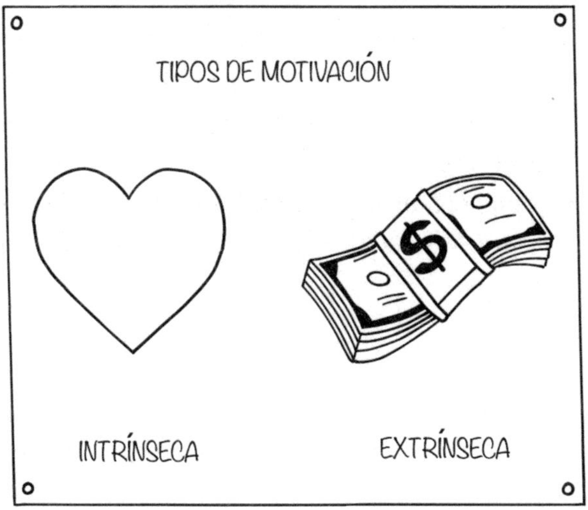

¿Cuál de las dos es mejor para nuestro objetivo de cambiar?

Con la motivación extrínseca es más difícil concentrarse, aumenta la tentación de retardar la tarea de cambio y además no se alcanza generalmente la excelencia, dado que se hacen las cosas con un grado de calidad suficiente para lograr la recompensa prometida. Si se retira la recompensa o el refuerzo externo se suele abandonar las tareas de cambio.

La motivación intrínseca es una fuente inagotable de energía. Hace que nos involucremos en la actividad por amor a la misma y deseo de conseguirla, sin importar su valor instrumental. La tarea se integra con nuestra identidad, la auténtica recompensa es conseguirlo, hacerlo, porque nos hace felices o porque nos llena a nivel personal.

Debemos convertir nuestro objetivo de cambiar y ser felices en algo que nos salga de dentro, que queramos hacer con toda nuestra alma, por el propio placer de aprovechar la vida y disfrutarla al máximo. Si nuestra motivación son los demás, seguramente fracasemos. La tarea de cambiar va a encontrarse con la resistencia de los módulos cerebrales responsables de nuestros hábitos actuales y, si dependemos de la opinión y el apoyo externos, seguramente en algún momento abandonaremos nuestra preciosa meta, al no sentirnos capaces de alcanzarla. Sin embargo, si convertimos nuestro periodo de cambio en un placer en sí mismo, si es una fuerza que sale de dentro, la probabilidad de conseguir la meta se dispara, así como el bienestar durante el proceso. Trabaja la motivación intrínseca, cree en lo que vas a hacer, conviértelo en tu objetivo de crecimiento personal. Al final, es tu vida, ¿quién más va a vivirla por ti?

La regla de los 5 segundos

Si tienes una idea o plan y quieres pasar a la acción no puedes demorarlo en exceso. En concreto, solo puedes contar hasta 5; ese es el tiempo que tienes para realmente cambiar. Esta es la «regla de los cinco segundos», acuñada por Mel Robbins en su libro *The 5 Second Rule*[72]. Robbins plantea que, para salir de la parálisis emocional y mental y empezar a cambiar, se deben tener presentes dos ideas en la mente:

1. La regla de los 5 segundos y dejar de decir que todo está bien, conformándote con una realidad que sabes que no te hace feliz.

72. Robbins, M. (2017).

Cuando tengas un proyecto o idea que pase por tu mente y que sepas que debes cambiar, no lo pienses, solo haz una cuenta atrás (5-4-3-2-1) y actúa. Esta técnica te ayuda a evitar la postergación y superar tu miedo a tomar malas decisiones. Tienes 5 segundos para actuar, pues de lo contrario tu cerebro llevará la atención a otra parte y la idea desaparecerá. Actuar es elaborar un plan, escribirlo o poner un recordatorio para hacerlo si no puedes en ese momento, y por supuesto, cumplirlo. Las ideas que no estén apuntadas pasados esos 5 segundos caerán en el olvido, se quedarán en una «buena intención» que finalmente no se concretó en nada.

2. Aplicar una técnica que seguro que te suena… ¡quemar las naves![73] No hay vuelta atrás. Lo hecho, hecho está. Imagina que navegas con todos los barcos de tu ejército hacia una isla y una vez allí, los quemas. Esto significa que no hay un plan B. Si no conquistas ese territorio y haces lo que sea para sobrevivir, entonces no hay forma de volver a casa porque ya no tienes cómo hacerlo. En otras palabras, crea una situación en la que debas acatar sí o sí tu decisión. No debes permitir que el miedo se apodere de ti y se interponga en tu camino. Olvídate del plan B, vete a por tu objetivo: ser feliz.

73. Robbins, T. (2008).

El problema de pasar a la acción suele ser muy habitual, dado que generalmente, cuando sentimos que tenemos que cambiar algo, nos quedamos anclados en la preocupación sin acción. Preocuparse es una herramienta para buscar soluciones a problemas, que dedica recursos cognitivos (tiempo y atención en el cerebro) para desarrollar una forma de solventar una situación. El error se produce cuando no se pasa a la acción, a estar ocupado. Una vez que ya has convertido en consciente la situación y tienes un plan de cambio, debes pasar a la acción, ponerte manos a la obra. Quema tus naves, no procrastines o te quedarás sumido en la preocupación, con emociones inadecuadas, dolor y una sensación real de inadaptación.

¿Te aburres?

Cuando quieres cambiar tu vida y alcanzar nuevos escenarios que mejoren tu autoestima, aburrirse es destructivo. Si tu cerebro no sabe qué hacer y está desocupado, tenderá a la respuesta inconsciente habitual: repetir los hábitos de siempre. Además, cuando te aburres es más fácil que entre en funcionamiento el circuito *default* y lleguen los pensamientos automáticos negativos.

Existe una infinidad de tareas en las que ocuparse, aquí te sugiero algunas:

Practica tu afición favorita. Comienza un blog sobre un tema que te fascine. Llama a alguien que te ponga de buen humor y échate unas risas. Escribe un artículo, o un libro, o un diario. Llama a un amigo, familiar o compañero y queda para tomar un café y charlar un rato. Pasa tiempo jugando con tu mascota. Si no tienes, cómprate o, mejor, adopta una. Vete al gimnasio y métete en una clase de *spinning*, *body pump* o cualquier actividad de grupo. Juega al fútbol, a baloncesto, a tenis o a algún deporte con un amigo o grupo de colegas. Entretente con algún juego como un solitario, *sudoku*, ajedrez *online* o contra tu ordenador; métete a un lugar de internet y juega al mus, al parchís o a cualquier juego de cartas *online*, solo por el placer de disfrutarlo. Lee, continúa con el libro que estás a medias o comienza uno nuevo. Si tienes trabajo pendiente, avanza, aplicando toda tu atención. Vete a clases de yoga, pilates o relajación. Cálzate tus zapatillas y sal a correr o andar rápido. Cocina algo sano y que esté rico para sorprender a tus seres queridos. Ponte una serie que te tenga enganchado o esa película que siempre te hace reír. Pinta un cuadro. Juega al golf. Aprende alfarería o a trabajar la madera. Camina fijándote atentamente en todo tu entorno, en lo que ves, en tus sensaciones, en lo que sientes en tus pies al andar. Planifica un viaje que te encantaría hacer…

Si no te parecen suficientes planes, hay otra ocupación maravillosa: ayudar a los demás. Existe mucha evidencia científica[74] acerca de que ayudar a los demás produce felicidad. Tanto al que ayuda como a quien la recibe, e incluso también al que solo está mirando. Cuando alguien echa una mano a otra persona, él mismo se está ayudando; la otra persona está siendo socorrida, pero como haya alguien alrededor que esté observando la acción, directamente sentirá también felicidad al verlo. No importa de qué acción se trate, solo de la solidaridad de una persona hacia otra.

---

74. Rowland, L. y Curry, O. S. (2019).

Puedes elegir a una persona que esté más fastidiada que tú, sea conocida o desconocida. Pero en cualquier momento podrías comenzar a ayudar a otros, ocupar tu mente, eliminar ese aburrimiento, produciendo de esta forma oxitocina y serotonina, las hormonas relacionadas con el placer.

Entre las actividades que puedes realizar existen dos categorías: pasivas y activas[75].

- Las actividades pasivas se caracterizan por su falta de desafío, de finalidad, por la poca motivación, la monotonía y la falta de novedad. Son actividades que producen una sensación de seguridad, pero que producen poca o ninguna satisfacción. Algunos ejemplos son ver la televisión, emborracharse, dar una vuelta en coche o atracarse de comida.
- Las actividades activas son mucho más excitantes y gratificantes, e involucran a los participantes tanto física como mentalmente. Algunos ejemplos son escribir, leer, hacer ejercicio, pintar un cuadro, patinar, bailar, hacer un curso o una actividad de voluntariado.

75. Zelinski, E. J. (2003).

Cuando realizamos actividades activas obtenemos una sensación de logro y satisfacción mucho mayor. Las actividades pasivas raramente nos proporcionan la fuerza mental necesaria para acabar con el aburrimiento. No se deben eliminar todas de forma sistemática, ya que existen situaciones en las que se pueden complementar actividades más activas con otras pasivas, como ver la tele después de un duro día de activación mental y/o física. Los estudios científicos han demostrado que aquellos adultos que realizan más actividades activas también presentan niveles más altos de bienestar físico y psicológico.

Muchas veces hacer solo lo fácil y cómodo nos lleva a una vida difícil e infeliz. Las actividades pasivas suelen ser muy sencillas, y no da pereza realizarlas. Las actividades activas suelen ser difíciles e incómodas, además de suponer un pequeño riesgo (no saber hacer algo, relacionarse con personas nuevas, fallar...), pero nos conducen hacia una vida más feliz y, en definitiva, fácil.

El cerebro es el órgano que menos envejece con la edad. La principal causa de su deterioro es la falta de actividad. Un ejemplo podemos verlo en la consistente relación que existe entre las personas jubiladas cuyas vidas no tienen una ocupación o sentido claro, y el deterioro de su salud seguido de una muerte prematura[76]. Lo peor que podemos hacerle a nuestro cerebro es estancarnos, no avanzar, no actuar, aburrirnos y llevar una vida carente de sentido, sin una razón para levantarnos de la cama y volver a nacer ese día. Cualquier momento de tu vida es bueno para aprender, para cambiar.

Algunas personas creen que sus capacidades son innatas, opinan que, si no han conseguido una habilidad o desempeño hasta la fecha, ya no lo lograrán, ya sea por la genética, la mala suerte, porque aquel día las miró mal el profesor o por cualquier otra excusa absurda. Según Carol Dweck, tienen mentalidad fija. Otras personas creen que su éxito se basa en el aprendizaje y la tenacidad: son las que tienen mentalidad de crecimiento. Las personas de mentalidad fija

76. Ekerdt, D. J. (1987).

temen fracasar, lo que implica una afirmación negativa sobre sus habilidades; piensan que no van a poder conseguirlo, comienzan a jugar con la palabra derrota tatuada en su frente. En cambio, las personas con mentalidad de crecimiento no se preocupan ni temen al fracaso porque saben que su desempeño puede mejorarse, y que el aprendizaje proviene del fracaso[77]. Puedes cambiar y desarrollar una mentalidad de crecimiento en cualquier momento, porque la ciencia ya ha demostrado —y tú has podido comprobarlo en este libro— que tu cerebro cambia continuamente, pues está creado para ello.

---

77. Dweck, C. (2015).

14

Aprender: el hobby más saludable para tus neuronas

Confianza es lo que se siente antes de entender un problema.

Woody Allen

Cuenta la leyenda que el maestro estaba bebiendo té tranquilamente cuando el guerrero llamó a su puerta, sentándose frente a su anfitrión tan pronto como pudo. Devoró con ansia las bolas de arroz que el maestro le ofreció y comenzó a enumerar todos los títulos y trofeos que había acumulado con los años.

El guerrero era joven, pero se había dedicado con ímpetu a sus tareas, por lo que atesoraba suficientes relatos y galardones como para mantener al anciano escuchando mientras el sol caía sobre las montañas. Ya era de noche cuando el joven guerrero terminó de contar sus hazañas. —Maestro —dijo entonces—, he venido a que me enseñe los secretos del conocimiento zen.

El venerable anciano le miró por encima de sus lentes de medialuna y calló. En silencio, ofreció al valiente guerrero una taza de té y comenzó a verter el líquido de una tetera pequeña y reluciente. Con aire distraído, como sin darle mayor importancia, sirvió el té hasta que la infusión rebosó la taza, derramándose por el costado del recipiente y manchando el mantel, la mesa y el suelo.

—¡Maestro! ¡La taza ya está llena, no puede seguir sirviendo té! —advirtió el impulsivo guerrero.

—Exacto —respondió su interlocutor—. Usted ha venido a mi casa para estudiar mis artes, pero ya trae la taza llena, ¿cómo creyó que podría aprender algo? —Ante el silencio confundido e iracundo del guerrero, el maestro prosiguió con tranquilidad—: A menos que su taza esté vacía, no podrá aprender nada.

La taza vacía. Cuento zen.

La vida es un proceso de aprendizaje continuo, no dejamos de aprender nunca, hasta el final. Disponemos de dos tipos de aprendizaje, declarativo y no declarativo[78]. El primero es consciente y puede ser expresado con palabras, como aprender las reglas de un juego. El segundo, no

78. Squire, L. R. (1992).

declarativo, se aprende de forma inconsciente, implícita. Sería imposible poder explicárselo a otra persona. Un ejemplo sería tratar de enseñarle a un bebé a ver o a andar. Otro ejemplo del no declarativo es cuando aprendes a sentirte como una basura por cualquier razón, como la presencia de una persona que te hunde. Cuando tienes ese aprendizaje instalado a nivel inconsciente, debes reaprender de forma declarativa tu manera de comportarte, poniéndote normas, como si de un juego se tratara.

Umbral ok

Cuando aprendemos cualquier tarea nueva, al principio tenemos una curva de aprendizaje que crece de forma espectacular hasta un valor, en el cual se estabiliza. La primera vez que te pones unos esquís te sientes como un pato mareado y piensas que será imposible bajar la pista sin caerte cada 3 metros. Pero, con un poco de insistencia, rápidamente se empieza a progresar, hasta que se llega a un nivel en el cual no te caes al bajar y puedes pasar un plácido día en la nieve sin un riesgo elevado de romperte la crisma. Sin embargo, si haces ejercicios metódicos y contratas a un monitor para que te dé clases particulares, podrás aumentar mucho tu nivel de destreza y aprender a dar saltos, a bajar rapidísimo o incluso a hacer piruetas. Esto ocurre, por supuesto, tanto en esta actividad como en cualquier otra.

La realidad es que nos estancamos en un punto muy alejado de nuestro máximo rendimiento, en un lugar en el que nos beneficiamos de lo aprendido, pero no generamos más conocimiento. Una zona de confort en la que encontramos un equilibrio entre el deseo de mejorar y el gran esfuerzo que eso exigiría. Este lugar es el umbral ok[79]. Otro ejemplo podría ser cuando aprendemos a conducir por una gran ciudad. Al principio vamos por las vías de circunvalación, y luego añadimos las grandes calles principales. Seguidamente introducimos en nuestro recorrido otras avenidas principales, y generalmente, como mucho, otras vías secundarias. En cuanto sabemos manejarnos con cierta facilidad, dejamos de aprender recorridos alternativos u otras zonas de la ciudad que no solemos frecuentar. Aprenderlo supondría un esfuerzo elevado, y consideramos que ya nos basta con lo que sabemos. El cerebro deja de dedicar recursos al aprendizaje de la conducción.

Podríamos mejorar muchísimo en casi cualquier aspecto o actividad que nos propusiésemos, pero habría que dedicarle un esfuerzo que no estamos dispuestos a invertir. ¿O quizás sí? En tu mano está la capacidad de conseguirlo. Tenemos una idea equivocada propia de las personas adultas: que ya no podemos aprender como cuando somos niños. La realidad es totalmente distinta. Nuestra capacidad de mejorar, evolucionar, en definitiva, de aprender, se mantiene e incluso mejora a lo largo de toda la vida. Esta idea equivocada es causada por dos razones; la primera es que, cuando somos niños, dedicamos a aquello que nos apasiona una gran cantidad de tiempo sin ningún problema, y cuando somos adultos nos estancamos generalmente en el umbral ok. Tenemos otras muchas tareas pendientes. Muchas veces por obligaciones que asumimos con amor y cariño, como cuidar de otras personas, pero en otras ocasiones por tareas que nos hemos impuesto de manera absurda. La segunda razón es que, cuando somos adultos, solemos ir a todos los sitios con nuestra taza de té ya llena, como el guerrero que

79. Sigman, M. (2017).

acudió a ver al maestro. Para aprender necesitamos tener la mente abierta y prestar atención a los estímulos que recibimos. Si creemos que ya lo sabemos todo, no prestaremos atención. De hecho, ni siquiera veremos nada que vaya en contra de nuestras ideas preconcebidas.

Vivimos en todo lo que hacemos bajo un techo de cristal. El límite del desempeño humano no es genético; el techo de la capacidad en una tarea está muy por encima del lugar donde nos detenemos habitualmente. Solo tenemos que saber que, a partir de un cierto punto, la curva de aprendizaje cambia su pendiente. Es decir, hay que esforzarse mucho más para conseguir una mejora pequeña. Pero, si somos constantes y nos dedicamos con ímpetu y entusiasmo a una tarea, sea cual sea, alcanzaremos cotas impresionantes. Y esto ocurre a cualquier edad. Solo tenemos que dedicarle recursos, que nuestra mente diga a nuestro cerebro lo importante que es, para que este empiece a mejorar los sistemas cerebrales responsables de esa actividad, a aplicar el aprendizaje por el error de predicción, la neuroplasticidad autodirigida y demás mecanismos ya comentados.

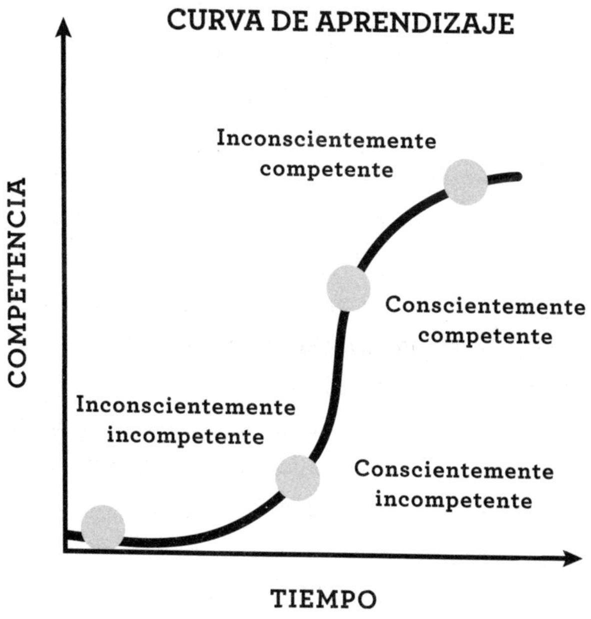

Aprendizaje

Cuando las personas adultas aprendemos pasamos por 4 fases o peldaños[80]:

1. *Incompetencia inconsciente.* En esta fase la persona no sabe realizar muy bien la actividad, pero no es consciente de su falta de destreza. Es una situación que podríamos llamar «bendita inocencia». Imagínate que te apuntas a aprender baile de claqué después de ver unas cuantas veces *Cantando bajo la lluvia* y el primer día estás tan contento moviéndote y pensando que eres Gene Kelly… cuando la realidad es que te pareces más a Godzilla con un tutú.

2. *Incompetencia consciente.* Superas ese primer paso en el que consideras que «la tarea no es tan difícil» y observas que tienes que meter horas y esfuerzo para alcanzar tu meta. En el ejemplo, seguir el ritmo de la música, aunque sea de manera básica. Te marcas una ruta de aprendizaje, como ir dos días por semana a la academia. Aprender lo básico te hace abrir los ojos y te das

80. Broadwell, M. M. (1969).

cuenta de que en la película no servirías ni para sujetar el paraguas... Esto no tiene por qué ser algo malo ni insatisfactorio. Con la autoestima apropiada, te darás cuenta de que TODAS las personas comenzaron así. Los que lo saben desde la infancia, pasaron entonces por estas fases.

3. *Competencia consciente.* Sigues un método de trabajo eficaz. Primas la constancia, atiendes y observas a las personas que te enseñan, y vas mejorando de forma sustancial tu desempeño. En el ejemplo, cuando bailas te mueves al compás de la música. Tienes que pensar lo que haces con tus pies y seguir un sistema para hacerlo, de forma consciente. Te das cuenta de que has mejorado, de que cada vez bailas mejor.
4. *Competencia inconsciente.* Tienes el hábito ya interiorizado y lo ejecutas sin darte cuenta. Te puedes dejar llevar por la intuición y puedes mostrar tu creatividad en cualquier punto. Cuando sales a bailar ya no sigues ningún sistema, simplemente disfrutas de la música. Tus pies se mueven solos; tu cuerpo sabe qué hacer en cada momento. Si te viese Gene Kelly te sacaría a brincar por la ciudad entre los charcos.

Actualmente te encuentras en muchísimos estadios de tu vida en la fase 1, incompetencia inconsciente. Piensas que las personas generalmente tienen unos niveles de felicidad bajos, que en la vida se sufre, que es normal acostumbrarse al dolor o a que te aplaste tu amargado jefe, o que tu pareja no te sorprenda o que tus amigos te traten mal. Ese estado de desconocimiento de la realidad y de asunción de las propias circunstancias negativas como algo normal puede prolongarse toda la vida. La única forma de escapar de él es, como ya hemos recalcado, mediante la consciencia. Que tú decidas cambiar tu vida para ser feliz.

En el momento en el que identifiques los aspectos que quieres cambiar, ya estarás en la fase 2. Entonces tomarás conciencia de lo que has estado aguantando tanto tiempo, y de que no puedes seguir así... ¡Se acabó! Ahora tienes que dedicarte a elaborar tu plan de cambio, con los ejercicios que te planteo en este libro. Ahora es cuando te marcas la ruta. Debes saber que todos los que hemos conseguido llegar a vivir centrados en ser felices hemos pasado por este punto en el que nos hemos dado cuenta de que lo estábamos haciendo fatal sin saberlo. De que nos quejábamos de todo continuamente. De que repetíamos los mismos errores. De que teníamos nuestros hábitos y creencias incrustados como axiomas en nuestro comportamiento. De que nos aterrorizaba cambiar, pero estábamos obligados a hacerlo.

El compromiso con este proceso es el que te lleva a la fase 3. Comienzas a aplicar tus pensamientos mata-ANTs. A identificar conscientemente todo aquello que quieres cambiar y a seguir los pasos. Al principio, solo lo consigues algunas veces, muy pocas. Con la práctica este número de veces va aumentando, y una y otra vez consigues ir derrotando tus creencias y cambiando tus hábitos. El tiempo que requiere este proceso es variable, y depende de cada persona y también de lo arraigado que tengas el hábito y la emoción que quieras cambiar.

Finalmente, casi sin darte cuenta, un día descubres que lo estás haciendo sin pensar. De repente ya no sientes el miedo al cambio, ni la culpa por estar haciendo algo totalmente distinto a lo que habría hecho tu yo anterior, esa versión de ti mismo que ya no existe. Te identificas pensando de forma diferente, sintiendo emociones de esperanza, alegría, empatía, comprensión, respeto hacia tu persona, ilusión. Un día te metes en el ascensor y ya no ves a tu jefe como una serpiente, sino como un gnomo gruñón y molesto que emite unos débiles sonidos que ni siquiera te importunan. Ahora ya no tienes que hacer ningún esfuerzo por cambiar, porque ya has conseguido. Eres tu nuevo tú.

Salir de tu zona de confort

La zona de confort está formada por todo aquello que sabes hacer y que estás acostumbrado a realizar. Tu día a día, ya sea bueno o malo, está dentro de la zona de confort. Levantarte con tu pareja y hacerte unos mimos maravillosos durante 5 minutos lo es. O también que la persona con la que convives te menosprecie y te trate fatal continuamente. Pero el aprendizaje no se produce en esta zona, y si quieres aprender algo nuevo debes de salir de ella, abandonarla.

Acuérdate además de que tu cerebro tiende al mínimo esfuerzo para ahorrar energía, como estrategia de supervivencia, y por lo tanto no te va a poner fácil salir de esta zona: está muy satisfecho gastando poco en este lugar, aunque tu vida sea desagradable.

La zona de aprendizaje es aquella en la que haces el esfuerzo por entender algo nuevo. Tu cerebro debe gastar energía extra para estar aquí, por lo que rápidamente te pedirá que vuelvas a la zona de confort. Lo extrañamente maravilloso es que, cuanto más tiempo te quedes en la zona de aprendizaje, más se ensanchará tu zona de confort. La nueva situación empezará a ser familiar para tu cerebro a medida que te expongas, y se acostumbrará a no estar atento a cualquier peligro desconocido que pueda presentarse. Tu vida se enriquecerá y se llenará de opciones.

Un ejemplo de zona de aprendizaje puede ser apuntarte a un curso para aprender a bailar salsa a tus cincuenta y muchos y sin tener ni idea, o cursar ese programa para convertirte en *coach* que todos te aconsejan que no hagas para que «te centres». Igual precisamente hacer lo que te apasiona es lo que «te centra», sea cual sea el significado de esa expresión.

Más allá de tu zona de aprendizaje está la zona de pánico o de no experiencia. Es totalmente desconocida para ti, no tienes referencia alguna de la misma. En ella sentirás incomodidad, porque no te sirven las referencias que normalmente te ayudan a orientarte en el mundo. Tus hábitos de comportamiento habituales dejan de ser útiles, por lo que puedes sentir indefensión y desorientación. Pero muchas veces las dificultades que acarrean los nuevos desafíos obligan a esforzarse al máximo para dar lo mejor de uno mismo.

Las personas que nunca salen de su zona de confort te dirán que es un lugar peligroso, donde te pueden pasar cosas malísimas. Pero también se puede convertir en una zona mágica en la que ocurren cosas maravillosas, un lugar donde los sueños se cumplen.

Al igual que en el caso anterior, cuando se entra en la zona de pánico, lejos de no poder volver atrás, lo que ocurre es que las zonas de confort y de aprendizaje se amplían. Tu vida se hace más rica, aumenta tu autocapacidad, y descubres que puedes conseguir grandes retos y logros. Los miedos provocados por lo desconocido de la zona de pánico pueden ser superados mediante la autoconfianza y la autoestima, y también transformando los fallos en oportunidades de aprendizaje.

Un ejemplo de zona de pánico puede ser dar una charla en público ante un gran auditorio si no tienes la costumbre y eres una persona tímida, o terminar una larga relación tóxica con una pareja.

¿Quieres aprender? ¡Enseña!

El cerebro está preparado para enseñar. Desde que somos niños tenemos el instinto humano de mostrar a los demás cualquier aspecto que conocemos, que comprendemos. Pero, además, enseñar a los demás ayuda a que la propia persona también aprenda. En concreto se producen los siguientes efectos:

- La persona que enseña, ensaya y pone a prueba su conocimiento, lo que permite detectar errores, reparar brechas y generar nuevas ideas.
- Además, establece analogías o metáforas, relaciona los diferentes conceptos y asigna prioridades a la información de que dispone. Enseñar no es enumerar hechos, sino construir una historia que los relate.

En definitiva, enseñar es aprender dos veces. Y encima tiene otros muchos beneficios, como por ejemplo que se presta atención al presente (y todo lo bueno que ya sabes que significa esto) y te relacionas con otra persona (también positivo). Además, contribuye a automatizar procesos y actividades, liberando recursos y pasando su ejecución y conocimiento al plano inconsciente, donde se realizan sin esfuerzo mental.

Las dos vías cerebrales

Para comprender la forma en que se produce en el cerebro el cambio de una «tarea que ejecuto de forma consciente» a una «tarea que ejecuto sin darme cuenta», primero debemos tener presente que la corteza cerebral se organiza en dos grandes sistemas, la vía dorsal y la vía ventral[81].

La vía dorsal se activa cuando aprendemos algo en lo que no tenemos experiencia. Es un proceso lento, en el que las tareas se realizan de forma secuencial. Requiere un esfuerzo mental importante, con consumo de recursos cerebrales. Este trabajo es flexible y versátil; es una tarea que se realiza poco a poco. El cerebro va formalizando lo que aprende de forma pausada. Como ejemplo

81. Sigman, M. (2017).

podríamos poner aprender a leer, un proceso que va avanzando letra por letra, o también la experiencia de conducir un automóvil en países como el Reino Unido o Irlanda y no estamos acostumbrados a circular por la izquierda. Cuando llegamos a una rotonda, tenemos que estar pendientes de entrar en ella en la dirección correcta para no crear el caos o un accidente, y vamos avanzando en nuestro recorrido con esfuerzo, de forma secuencial.

La vía ventral es rápida y los procesos se realizan en paralelo. Por esta ruta se ejecutan todas aquellas tareas que llevamos a cabo de forma automática, que hemos repetido en un número de ocasiones elevado y que ahora realizamos casi sin pensar. Lo interesante es que hacemos cada una de ellas tan bien como las aprendimos, llegamos a realizarlas con ese nivel de perfección. Aquí es cuando entra en acción el umbral ok. Si jugando al tenis nunca aprendimos a sacar con efecto, ahora lógicamente no podemos dar ese golpe de forma automática (de hecho, no podemos darlo de ninguna forma, a no ser que deseemos visitar a nuestro fisio con un esguince de muñeca). La vía ventral es rígida y estándar. Si queremos aprender cosas nuevas de forma declarativa, debemos hacerlo con esfuerzo mental, de forma secuencial, CONSCIENTEMENTE, utilizando la ruta dorsal.

Como ejemplo de vía ventral podríamos citar la lectura, que puede ser totalmente automática (no vamos letra a letra). En el ejemplo de conducir, nos serviría cualquier día que cogemos el coche y vamos a nuestro trabajo o al súper. Nuestro cerebro realiza las tareas de forma casi instintiva, no tenemos que pensar prácticamente en nada, a pesar de que estamos haciendo una tarea distinta con cada mano y con cada pie.

El aprendizaje consiste en transferir las tareas del sistema dorsal al ventral para automatizar un proceso, y así se puedan liberar recursos y sistemas conscientes para otras funciones.

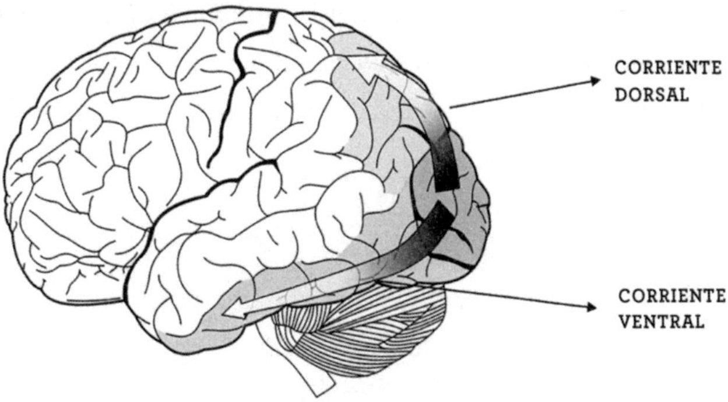

VIA DORSAL	APRENDIZAJE	LENTO	ESFUERZO MENTAL	SECUENCIAL	FLEXIBLE Y VERSÁTIL	LECTURA LETRA POR LETRA
VIA VENTRAL	UMBRAL OK	RÁPIDO	AUTOMÁTICO	PARALELO	RÍGIDO Y ESTÁNDAR	LECTURA AUTOMÁTICA

Cuando tienes un hábito que te perjudica es porque te has pasado muchas horas peleando por automatizarlo. Ahora ya no tienes que pensar para sentirte como un gusano pisoteado cuando alguien menosprecia tu vida y patea tu autoestima. Lo haces de manera natural. Has alcanzado el estatus de «gran profesional» debido a tu práctica. Pero hoy es el día que esto se termina, ¡hasta aquí hemos llegado! Para cambiar esa respuesta automática por la vía ventral vas a tener que utilizar primero la dorsal. Vas a hacer trabajo consciente de aprendizaje, y ya sabes cómo es… lento, con esfuerzo mental, consciente y secuencial. Pero también flexible y versátil. Ahora vas a cambiar. Vas a poder establecer un nuevo patrón de comportamiento, a decirte cómo eres desde ya, y qué vas a hacer en esas situaciones que hasta ahora te traían por el valle de la amargura. Y después de esto… a repetirlo, una y otra vez. Hasta que pase al modo automático.

Ejercicio aprendizaje 1

Reflexiona sobre algún aspecto (pueden ser varios, cuantos más mejor) en los que creas que podrías aprender más y quieras aprender más. Haz una lista y escribe algunos pequeños pasos que podrías realizar para mejorar. ¿Sería la actitud?, ¿el tiempo?, ¿piensas que no puedes mejorar más?

____

____

____

____

____

____

Ejercicio aprendizaje 2

Te propongo una práctica para que la realices durante como mínimo los próximos tres meses (lo ideal es que lo hagas durante seis). Tienes que apuntarte a aprender algo que NUNCA hayas hecho antes. Si dispones de tiempo, hazlo 3 veces por semana y presencialmente. Si no lo tienes, hazlo una vez al mes y *online*. Pero apúntate a algo nuevo. Como clases de cocina, aprender a hacer tatuajes, tricotar, estudiar cualquier idioma... lo que sea. Presencial u *online*. Esta tarea va a activar tu vía dorsal, esa que ya apenas utilizas porque te has acostumbrado a hacer «lo de siempre y como siempre», de forma automática. Así tendrás que aprender en serie, como un principiante (tal como hiciste en el ejercicio de *mindfulness*), y esto te ayudará a aplicar también este sistema en tu principal objetivo: cambiar para ser más feliz.

15
Talento versus temperamento, cambiar es imposible, y otros cuentos de hadas

El éxito consiste en ir de fracaso en fracaso
sin perder el entusiasmo.

Winston Churchill

La genialidad es un 1 % de inspiración
y un 99 % de transpiración.

Thomas A. Edison

Cuentan que un día el mejor arquero del mundo recibió la visita de un joven que deseaba convertirse en un arquero tan bueno como él.

—Maestro —le dijo—. ¿Qué puedo hacer para convertirme en el mejor arquero del mundo?

El hombre, ya mayor, le dijo:

—En el momento en el que consigas llegar a la luna con una de tus flechas, te habrás convertido en el mejor arquero del planeta, ya que todos se asombrarán ante tal logro.

El joven arquero agachó la cabeza y asintió, aunque un poco preocupado… ¿cómo conseguiría llegar con una de sus flechas hasta tan lejos? Sin embargo, lejos de asimilar su derrota, el joven arquero comenzó a practicar con su arco cada noche.

Disparaba desde lo alto de una colina a la luna cada día. A la luna llena, creciente o menguante. Todos le observaban entre obnubilados y burlones. Comenzaron a llamarle «el loco de la luna».

Pero él no se rendía, y seguía cada noche disparando a la luna. Años después, regresó a la casa del maestro y le dijo:

—Lo intenté, maestro, pero ninguna de mis flechas consiguió llegar a la luna... he fracasado.

Pero el anciano le respondió:

—Ahora sí, ahora te convertiste en el mejor arquero del mundo. Prueba tu destreza a la luz del día y comprobarás que eres imbatible.

Y fue entonces cuando el arquero se dio cuenta de que, efectivamente, su esfuerzo y perseverancia, su práctica constante en medio de la noche, le habían convertido sin darse cuenta en el arquero con mayor precisión de todo. el planeta.

ALEJANDRO JODOROWSKY

La práctica hace la perfección

Seguramente los coetáneos del arquero anterior lo tuvieron claro: jamás hubo nadie como él. Muchos lo intentaron, pero no consiguieron llegar a su maestría y dominio del arco. Lo intentaron, sí. ¿Pero cuánto?

Cuando observamos a un genio con la guitarra, el balón o jugando al ajedrez, nuestra intuición nos dice claramente que han nacido para ello. Incluso en muchos casos tienen un cuerpo perfecto para esa tarea, como los jugadores de baloncesto. En definitiva, pensamos que los Mark Knopfler o Michael Jordan fueron bendecidos con una combinación genética que les hizo únicos, a la cual no se puede llegar con trabajo y esfuerzo. Así lo exponen las tesis eugénicas de Galton[82], apoyadas por el mismísimo Charles Darwin[83]. La realidad mostrada por la neurociencia no puede ser más distinta. El talento es un rasgo genético poco resistente al cambio, como la resistencia física. Esto significa que tiene un mayor rango de cambio con un menor esfuerzo[84].

En los casos anteriores estamos hablando de grandes genios en las distintas disciplinas, que dedicaron infinitas horas de su vida a la misma. En muchos casos, influenciados por su entorno cercano, como aquellos futbolistas que pasaron casi todos los días en la calle con un balón, el niño al que le orientaron hacia el baloncesto porque era el más alto de la clase o aquel al que le regalaron una guitarra y le reforzaron sus progresos desde muy pequeño. Lo que intuimos como genialidad precoz es en realidad fruto de un entrenamiento y un trabajo muy intensivos desde la infancia. Ninguno alcanzó esos niveles de virtuosismo sin invertir al menos 10.000 horas de su vida.

---

82. Galton, D. J. y Galton, C. J. (1998).

83. Paul, D. B. (2003).

84. Martin, R. P., Wisenbaker, J. y Huttunen, M. (1994). Chess, S. y Thomas, A. (2013). Goldsmith, H. H., Buss, A. H., Plomin, R., Rothbart, M. K., Thomas, A., Chess, S., McCall, R. B. (1987).

Todos tienen algo en común: tuvieron un 99 % de transpiración, dedicaron la mayor parte de su tiempo a su auténtica pasión: el baloncesto, la música, el fútbol... Todas estas personas llegaron al nivel de competencia inconsciente en edades muy tempranas. Pero no se quedaron ahí. Rompieron su techo de cristal, su umbral ok, dedicando miles de horas adicionales para perfeccionar sus habilidades de forma única.

Te preguntarás por qué te cuento este descubrimiento. La razón es sencilla: tú has desarrollado la genialidad en la tarea de sentirte como te sientes. Has dedicado miles de horas a preocuparte, a sentirte inferior, a juzgarte con severidad... Y te has convertido en una persona especialista en ello. En muchas ocasiones todo este entrenamiento comenzó en tu infancia, lo tienes grabado desde la niñez, y por eso lo haces «tan bien». Pero puedes darle la vuelta a esta tortilla. Tener el récord mundial en autofustigamiento no parece que vaya a hacerte más feliz. Dejar de hacerlo es solo cuestión de cambiar tu comportamiento, de comenzar a entrenarte de otra forma. No es verdad que ya no puedas cambiar ni convertirte en una persona virtuosa en otros aspectos. Solo tienes que practicar, que empezar desde ahora mismo a meter horas y pasar por las etapas de aprendizaje que hemos visto, al principio de forma consciente hasta automatizarlo, para seguir practicando hasta romper tu umbral ok.

¿Cambiar es posible?

La ciencia ha avanzado muchísimo en todos los niveles, y la medicina ha sido capaz en algunos casos incluso de devolver la vista a personas que habían nacido ciegas. Las personas que nunca han visto el mundo que las rodea y que de repente empiezan a ver pasan un pequeño duelo, porque lo que nosotros hemos hecho durante años tienen que hacerlo de golpe: la tarea de aprender a ver. Deben variar su tabla conceptual (lo que son las cosas para ellas), pues la habían creado para un entorno basado en unos estímulos totalmente diferentes. Ahora deben modificarla, y eso supone una pequeña catarsis de su mundo.

Para realizar este cambio tan importante de tu vida, para poner tu autoestima en el centro y perseguir la felicidad, debes terminar como lo que eras y nacer de nuevo como lo que eres a partir de ahora. Debes borrar la tabla conceptual anterior, como una persona ciega que empieza a ver. No puedes seguir utilizando las mismas referencias que usabas antes, porque ello te llevaría a los mismos hábitos, conclusiones y emociones.

Siéntete como lo que eres, una persona libre. Olvídate de lo que es correcto y apropiado para los demás, y mira hacia dentro, escribe tu nuevo yo en esa tabla de registros, en ese manual de comportamiento. Mirar hacia lo que esperan otros de ti o lo que deberías hacer solo produce un aumento del estrés y el efecto contrario al que se busca. La teoría del proceso irónico[85] plantea que una situación de alta presión y estrés provoca que nuestra atención se centre en mayor medida precisamente en aquello que queremos evitar. Se obtiene más información relacionada con el fracaso que con el éxito, lo cual incrementará las posibilidades de fracaso.

Un ejemplo de esta teoría es el famoso experimento de decirle a alguien que «no piense en un elefante rosa». Es imposible que no te aparezca por la mente. Si te obligas a pensar en que no puedes hacer

85. Wegner, D. M. (1994).

algo y estás estresado, se incrementan las posibilidades de que lo hagas. Ocurre por ejemplo en los fumadores que quieren dejarlo y se pasan el día pensando «no fumes, no fumes». El estrés impulsa al hábito y no te ayuda a alcanzar tus objetivos de cambio.

En lugar de ello, aplica las técnicas de *mindfulness* que hemos trabajado. Practícalas siempre que puedas. No juzgues, no tengas expectativas de lo que debe ocurrir. Mira con mente de principiante. Aprende, descúbrete. Ahora estás eligiendo quién quieres ser en tu vida, prescinde de lo que esperan los demás de ti. No vas a cambiar porque otras personas te digan esto o lo otro, lo vas a hacer porque tú lo vas a pensar y luego a ejecutar. Eres libre.

Tu cerebro está programado para cambiar, está esperando a que te pongas en marcha.

La máquina de tener razón

Nuestro cerebro está realizando constantemente procesos de predicción. Cuando acierta en lo que predice que va a ocurrir, se obtiene una pequeña recompensa en forma de «chupito» de dopamina. A tu cerebro le gusta acertar, le encanta tener razón. Que se cumplan las certezas que ha planeado previamente le produce placer, aunque el hecho en sí pueda ser doloroso. Seguramente alguna vez te hayas descubierto boicoteándote alguna relación sentimental o un plan estratégico ilusionante como cambiar de trabajo o empezar unos estudios nuevos, simplemente para poder decirte luego: «¿Ves? La gente es una traidora» o «No tienes la suficiente inteligencia». Ese tipo de pensamientos son destructivos, pero si has planificado y conseguido llegar con tus actos a una de esas situaciones de fracaso, tendrás la pequeña recompensa de que «tenías razón». La incertidumbre en el cerebro genera un dolor equiparable al físico. Para el cerebro, no saber lo que va a ocurrir supone gasto extra, no poder funcionar en automático, en inconsciente.

El cambio hace que modifiques las predicciones habituales, y eso es introducir incertidumbre. Así que vas a tener que acostumbrarte al principio a ese pequeño «dolor», a no tener la total seguridad de lo que va a venir después. Para tu cerebro, que te aplaste tu jefe no supone un gasto extra: es lo habitual, está acostumbrado. Pero no a que respondas con asertividad o vivas sin miedo o cambies de trabajo para no aguantar más a algún idiota. Para que tu cerebro no perciba tanta incertidumbre y ayudarte en este proceso de cambio, debes planificar. Te servirá de gran ayuda dividir cada una de las tareas que vas a cambiar en otras más pequeñas. Puedes guiarte según los objetivos que persigan cada una de ellas, y agruparlas. Establecer estas metas reduce la incertidumbre, y por tanto la amenaza, como veremos en el capítulo 18. El cerebro va a intentar volver a lo de siempre, y cambiar el hábito va a ser molesto al principio, pero luego la recompensa va a ser suprema: una vida hecha por tus elecciones y no por «lo que has ido soportando a lo largo del camino». Al principio te costará, pero mi consejo es que hagas lo siguiente: hasta que no hayas conseguido cambiar del todo, finge. Esta técnica se llama en inglés *fake it until you make it*[86], y consiste en actuar como si fueras alguien nuevo hasta que lo seas, hasta que tu cerebro se convenza y, gracias al uso, los nuevos módulos cerebrales que has creado funcionen como un motor bien engrasado. Hasta que sean los que funcionen de manera inconsciente. Verás que los resultados que obtienes son magníficos. Muestra ya al mundo tu nuevo tú.

Ejercicio de cambio e incertidumbre

Me gustaría que te levantaras y caminaras por la habitación en la que ahora te encuentras leyendo en alto repetidamente la siguiente frase:

NO PUEDO CAMINAR POR ESTA HABITACIÓN

---

86. Gunder, M. (2011).

Continúa paseando por la habitación y repitiendo esta frase en voz alta, hazlo durante al menos 5 minutos seguidos.

Este ejercicio es un pequeño puñetazo al dictador interno basado en tus creencias. Esa mente acostumbrada a recurrir a los hábitos buscando soluciones para tus problemas se da cuenta de que no vas a obedecerla, de que puedes hacer otra cosa, puedes cambiar. Mediante esta técnica, un equipo de investigación irlandés aumentó en un experimento la tolerancia al dolor inducido en casi un 40 por ciento.

Tú no tienes por qué obedecer a tu mente anterior basada en hábitos y creencias que ya no te definen. Tú estás creando tus nuevas normas. Solo seguirás las instrucciones que has decidido que te harán feliz.

16

Dime con quién andas (y dónde estás) y te diré si estás cometiendo una estupidez

Se puede confiar en las malas personas… no cambian jamás.

William Faulkner

Me gustaría comenzar este capítulo hablándote de Sebastián Kimaru, uno de los cientos de atletas africanos que se gana la vida como jornalero del atletismo. Va de aquí para allá ofreciéndose como «liebre» para ayudar a las estrellas de su deporte a conseguir grandes marcas. Tira lo más fuerte que puede en las carreras en las que participa, hasta que en un momento dado se retira, cobra su cheque precario y busca otra prueba donde le puedan contratar.

Esa era de nuevo su labor en el medio maratón de Sevilla, el 30 de enero de 2022. Iba a ser otro día gris en la oficina en la que él iba a llevar a un determinado ritmo a las estrellas contratadas para la prueba y nadie se iba a acordar de él. Lo de siempre, vamos. Sin embargo, en el paso del kilómetro 10 ocurrió algo inesperado. Kimaru miró hacia atrás y vio que los atletas que debían ir pisándole los talones estaban a 15 segundos. Se había sentido tan poderoso hasta ese momento que había disparado el ritmo y había llegado a una marca de 27:43. A partir de ahí cambió su mentalidad y su cara de «liebre» pasó a cara de atleta con mayúsculas. Su misión era llegar, como mucho, al kilómetro 15, pero sus piernas se negaron a rendirse y volaron hasta la meta.

El joven keniata decidió que ya no iba a parar, que su destino iba a dar un giro radical y que por una vez iba a ser el centro de todas las miradas. Siguió corriendo con una zancada imperial, sin dar muestras de flaqueza y sin ganas de retirarse. Apretó hasta el final y, ante el asombro de los organizadores que le habían contratado con una misión secundaria, cruzó la meta como ganador.

No solo ganaba la liebre, sino que lo hacía con récord de la prueba. Bajó de la hora cuando atravesó la línea de meta (59:02) y le sacó casi dos minutos a la marca de Eyob Faniel, que era el que había conseguido el récord anterior de la prueba, en 2020. Los 500 euros que se iba a llevar como liebre se convirtieron en 15.000, una auténtica fortuna para un atleta acostumbrado a ir de aquí para allá por cifras mínimas. Seguro que se ha convencido de que tiene un gran caudal de talento en sus piernas para ganarse contratos más ambiciosos en el futuro.

La exhibición de la liebre keniata que se rebeló en el medio maratón de Sevilla fue tal que el segundo, David Irungu, que era el principal favorito al triunfo, quedó a casi minuto y medio. Para que nos hagamos una idea del ritmo del sorprendente atleta africano, fue capaz de correr a 2:48 minutos por kilómetro[87].

Esta maravillosa historia nos muestra que cualquier momento es bueno para cambiar y empezar a ser quien quieres llegar a ser. Da igual lo que esperen otros de ti, no debes hacerles ni caso. Tú eres quien rige tu destino y manda en tus acciones. Y mucho más si lo que espera otra gente a tu alrededor es que seas una persona perdedora, que te dejes llevar, les dejes ganar, que tengas una actitud sumisa y derrotista… Cualquier momento es bueno para que cambies y empieces a «decepcionar» a todas las personas que están contentas porque les permites sacar provecho o, directamente, abusar de ti.

---

87. Recuperado de www.diariodetriatlon.es 30-1-2022.

Una gran compañía para ti: tú

Vivimos en un tiempo en el que pasar momentos en soledad se considera un comportamiento antisocial. Las maravillosas redes sociales nos muestran continuamente lo importante que es estar con otras personas y, por supuesto, compartiendo cada pequeño acto que podamos realizar. Si en un momento determinado estamos solos, para evitar sentirnos mal hemos de correr a poner la televisión o la radio o cualquier otra cosa que nos entretenga de manera pasiva. La realidad es que las personas utilizan la soledad como excusa para no hacer cosas divertidas con su vida. Existe una fuerte connotación negativa relativa a la soledad, como expresión de la tristeza, de no estar con otras personas. Parece como si hubiésemos olvidado su parte positiva, a pesar de lo agradable que es muchas veces estar solo. La mayoría de las personas, tan pronto como están solas se sienten solas. La verdad es que existen muchísimas tareas que se disfrutan de una manera muy especial en soledad. Voy a compartir contigo algunas de las que yo suelo hacer:

- Ir al cine y disfrutar de la película que me apetece, en versión original y con palomitas.
- Salir a correr. Reconozco que muchos amigos quedan en grupo habitualmente y que yo soy el raro que me cruzo con ellos y parezco un tipejo antisocial. Me da igual. Es una actividad que me fascina hacerla solo. También otras actividades deportivas, como *snowboard*. Y de paso, cuando termino, me voy a comer yo solito para celebrarlo.
- Nadar y después ir a un *spa*. Tomarme dos horas de mi tiempo para hacer una terapia «acuática» completa, con ejercicio y luego relax. Meditar un buen rato mientras las burbujas hacen lo suyo.
- Ir a un bar a hablar en inglés o en otro idioma que esté aprendiendo con gente desconocida. Un auténtico placer que amo disfrutar en soledad. Voy cuando quiero, hablo con gente simpática

y luego me voy a casa. Y descubro a personas totalmente distintas, que me enriquecen y me ayudan a mantener la zona de confort en el mínimo posible.

- Jugar a cartas o juegos de mesa *online*. Sin apostar nada, por el placer de ganar a un rival al que desconozco. Por ejemplo, a la pocha (un juego de cartas muy divertido) o al ajedrez. O incluso perdiendo. A veces con estrépito, pero me da igual. El placer consiste en competir y pelear hasta el final.
- Escribir y leer. Y luego escribir otro poco, y luego leer a otros, y así un buen rato. Si me descuido, se me olvida incluso comer o termino yendo al baño a todo correr porque casi me hago pis encima. El tiempo vuela cuando tienes tu atención centrada en algo que te apasiona.
- Ir a una terraza soleada y tomarme una cervecita fría. Ahí puedo leer; o cerrar los ojos; o contemplar a las personas que pasan e imaginar a dónde irán y si disfrutan de la vida. Suele ser bastante fácil de adivinar por su expresión facial.
- Irme de vacaciones solo. Sí, yo solo. Y dirás, ¿pero este no habla de su pareja y de sus hijos continuamente en este libro? Pues sí. Y de verdad que he elegido bien a las personas con las que comparto mi vida, porque comprenden mi necesidad de irme yo solo. Se me pasa el tiempo volando. Trabajo un rato porque me apasiona mi profesión, me doy un baño, hago mucho deporte, medito, practico *mindfulness*… miro mi vida desde la distancia y vuelvo un par de días después con muchísimas ganas de continuar.

La soledad es una gran fuente de creatividad, y es esencial para pararte a pensar quién eres actualmente y quién vas a ser. Para planificar tu cambio, para determinar estrategias, pensamientos mata-ANTs, y empoderarte, con la compañía de quien de verdad te va a ayudar a cambiar: tú.

La soledad no es sinónimo de sentirse abandonado. Para disfrutar de estar solo, se debe tener una buena autoestima. Algunas de las personas más solitarias de este mundo siempre están rodeadas de gente. Puedes sentir una grandísima soledad viviendo en una gran ciudad, viajando en metros abarrotados y trabajando en un lugar atestado.

Si eres de esas personas que tiene miedo a estar solas, seguramente busques la aprobación de los demás y necesites que piensen bien de ti. La estima de los otros y la que sientes tú por ti son totalmente diferentes, y también lo es el valor de cada una. La segunda, tu autoestima, es fundamental para que seas feliz, y no se puede conseguir a través de otras personas o del entorno; es algo que depende de tus propios pensamientos y actos.

Para trabajar tu autoestima debes dedicarte tiempo. Para reconocer quién quieres ser, para comprometerte a aceptarte como tal y elaborar un plan para conseguirlo. Una vez que lo tengas en mente, ya no necesitarás la aprobación de nadie más, tendrás la más importante: la tuya. Te querrás más y experimentarás una mayor seguridad en tus actos. Recuerda que tu cerebro es único e irrepetible en este mundo. Nadie te va a poder dar un mejor consejo que tú. Pero debes contar con tiempo de calidad para poder investigarte, conocerte y comprenderte.

No escucharse a uno mismo es tan absurdo como el chiste del borracho que pierde las llaves para entrar a su casa y las está buscando, desesperadamente, bajo una farola. Un policía se presta a ayudarle, y le pregunta: «¿Por dónde se le han caído?». Y el borracho responde: «Debajo de aquel árbol». A lo que el agente le dice: «Pero, entonces, ¿por qué las busca aquí?». Y le contesta: «Porque hay mucha más luz».

Buscar en los demás la solución a los problemas de uno mismo es exactamente igual a lo que hace el borracho del chiste. La probabilidad de éxito es nula. Las llaves no están ahí, están en otro sitio. Como la solución: la tienes dentro de ti.

No te apartes de las personas negativas. ¡Mejor corre!

Las personas negativas son muy peligrosas para tu felicidad y tu bienestar. Entre otras cosas porque carecen de sentido del humor, algo que es esencial en la vida. Tratarán por todos los medios de que compartas su visión de que el mundo es un lugar espantoso, y lo conseguirán. Nada fastidia más a una persona negativa que ver a alguien positivo, feliz y motivado. Intentarán por todos los medios que acabes compartiendo su visión tétrica y pesimista de la vida. Realmente, existen personas que son capaces de hacerte perder el día entero en solo 10 minutos. El secreto de su éxito es que son especialistas en robar la energía de los demás, en deshacer sus ilusiones, en destacar el lado negativo de todo. Con una persona así cerca de ti, sentirás que te desenchufas, que no tienes energía para vivir, para afrontar los retos. Una de las principales tareas que deberías realizar estos días es identificar a estas personas a fin de tener el mínimo contacto con ellas, de eliminarlas todo lo que puedas de tu vida. Si tienes que compartir algún rato porque no puedes evitarlo, hazlo siempre con un plan. No te relajes en su presencia, debes estar alerta para utilizar continuamente tu consciente y tus pensamientos. Como te despistes, acabarás con menos energía que aquel caballo que, cuando le iban a poner la silla, se sentaba sobre ella.

Si te sientes con dotes interpretativas, puedes hacer un sencillo experimento basado en los descubrimientos de Giorgio Nardone[88]. Cuando te encuentres con una de esas personas negativas que invade tu mente con su discurso pesimista, no intentes animarla, sino más bien todo lo contrario. Dale la razón y suelta un discurso cargado con más razones todavía para convencerse de lo mal que está todo. Inmediatamente, sentirá como si una mano la agarrase del tobillo y la hundiera al fondo del lago. Luchará con todas sus fuerzas para subir y, en menos de lo que te imaginas, estará dándote ánimos, diciéndote: «Bueno, no es tan grave, ¡anímate!». Lo mejor de esta estrategia es ya no se dirigirá nunca más a ti en «modo deprimido» ... ¡Pruébalo! Eso sí, no te creas las cosas que le digas; recuerda: ¡estás actuando para los Óscar!

Debes acabar con las relaciones que dañan tu vida de forma sistemática. Por supuesto que puedes tener a tu alrededor personas que están pasando un mal momento de forma puntual, y ayudarlas a salir adelante es un bonito reto. Yo me estoy refiriendo a aquellas que SON negativas. Que siempre lo han sido y que, por buenismo, por el qué dirán, porque tienes la costumbre o por cualquier otra razón absurda, ocupan tiempo en tu vida y te hacen sentir fatal. Menoscaban tu autoestima y tu fortaleza, y después de estar con ellas, darte cabezazos contra la pared no te parece un mal plan.

---

88. Nardone, G. (2004).

Dentro de este grupo de personas podríamos destacar como una categoría aparte a las personas tóxicas, que pueden tener perfiles muy diversos. A continuación, te voy a presentar algunos, por si puede ayudarte a identificarlas y a salir corriendo como un gamo en cuanto se te acerquen. Acuérdate. Si compartes tiempo con ellas, acabarás con tu autoestima por los suelos, con unos niveles de tristeza elevados, y todo sin comerlo ni beberlo, porque tú puedes dedicar tu tiempo a quien tú quieras. Hay algunos perfiles fáciles de reconocer, como los agresivos verbales o los psicópatas. Otros no lo son tanto, porque se camuflan y no los ves venir tan fácilmente. Estos te los voy a describir:

Perfiles de personas tóxicas

1. **Los meteculpas**. La culpa es uno de los sentimientos más negativos que puedas tener, y una excelente herramienta para manipular a alguien positivo y optimista, y hundirle en la miseria y la tristeza. Vivir con culpa, percibiendo que existe una diferencia entre lo que hiciste y lo que deberías haber hecho, es vivir condenado a cadena perpetua. Este perfil tóxico consigue inculcarte, de forma indirecta, una idea que se convierte en tu mente en un

autorreproche. Culparte continuamente de algo es una manera absurda de amargarte la vida. Si se trata de algo del pasado, debes tener presente que las decisiones que tomas en cada momento son formadas con la información y las emociones en ese instante. No se puede mirar hacia el pasado con juicio de retrospectiva (es un heurístico o sesgo cognitivo), como si hubiera sido fácil adivinar lo que iba a pasar. Si se trata de algo que haces habitualmente, ha llegado el momento de intentar comprenderte, de asimilar quién eres y por qué haces lo que haces; de ocupar tu vida y tus momentos, y eliminar con una estrategia mata-ANTs aquellos pensamientos negativos automáticos procedentes de autorreproches. Ya sabes, al principio de forma consciente. Y, desde luego, alejarte de los meteculpas. Su especialidad es que termines la conversación con ellos con una sensación de amargura por tu propio comportamiento y con la percepción de que tienes la culpa incluso de los accidentes de bicicleta en Tombuctú. ¡Fuera ya de tu vida!

2. **Los envidiosos.** «Una serpiente estaba persiguiendo a una luciérnaga. Cuando estaba a punto de comérsela, esta le dijo: "¿Puedo hacerte una pregunta?". La serpiente respondió: "En realidad nunca contesto preguntas de mis víctimas, pero por ser tú te lo voy a permitir". Entonces, la luciérnaga le cuestionó: "¿Yo te he hecho algo?". "No", respondió la serpiente. "¿Formo parte de tu cadena alimenticia?", insistió la luciérnaga. "No", volvió a

responder la serpiente. "Entonces, ¿por qué me quieres comer?", inquirió el insecto. "Porque no soporto verte brillar", respondió la serpiente».[89]

Envidiar es desear lo que otra persona tiene. Es una profunda rabia producida por el logro ajeno. Nace de la creencia de que nunca se tendrá lo que otra persona posee. Es una emoción ligada al enfado, el dolor, la ira y la tristeza. Un envidioso te dirá: «No te lo digo para que te vaya mal, no es para criticarte…», pero su intención es que no logres tus objetivos. Cuando cambies, puede ocurrir que haya personas que te critiquen por ello, y que no soporten ver cómo te has liberado y has decidido ser feliz. Mantén a las personas envidiosas muy lejos. Cuanto más, mejor.

3. **Los descalificadores**. Este perfil tóxico se siente como pez en el agua en entornos laborales. Desperdician su tiempo tratando de menospreciar a todas aquellas personas de su alrededor. Su objetivo es controlar tu autoestima, hacerte sentir menos que nada, para que ella o él puedan brillar y ser el centro de atención. Su idea es que vivas en la desconfianza y la inseguridad, y dependas de sus juicios. El descalificador se esconde en la supuesta confianza que pueda tener contigo. Finge tener interés por lo que haces, pero en su mente trama cómo puede hundirte en la miseria, reduciendo tu autoestima, agigantando tus errores y tus fracasos. Estas personas son una lacra en tu vida porque impiden tu desarrollo profesional, y también personal, poniéndote palos en las ruedas de todo lo que quieras lograr. Huye de los descalificadores. No permitas que te juzguen con tan mala intención.
4. **Los mediocres**. Son personas que viven sin sueños ni metas. En su momento intentaron conseguir los logros que añoraban, pero no llegaron a alcanzarlos. Y la tenacidad y resiliencia no

89. Stamateas, B. (2014).

son para ellos más que dos palabras extrañas y difíciles de pronunciar. Las personas mediocres han asumido y asimilado el fracaso personal, y desprecian profundamente su vida, pero no se atreven a cambiar nada por si acaso vuelven a salir derrotados. Tienen un profundo miedo a no conseguir aquello que desean y, por ello, ni siquiera lo intentan. El problema de estas personas es que te contagian su visión derrotista de la vida. Piensan, como Homer Simpson en aquel capítulo de la serie, que «intentarlo es el primer paso para el fracaso». Además, buscan que tú sientas empatía con su situación y, si tienen algo de influencia en tu vida por ser familia o por haber estado en tu entorno durante mucho tiempo, pueden llegar a conseguirlo. Y puedes acabar creyendo realmente que el mundo es un lugar inseguro y aterrador, y que es mejor no cambiar las cosas si no quieres fracasar. Si tienes cerca de ti a alguna persona con este perfil, huye como si fuese un cocodrilo.

5. **Los cotillas**. Como decía George Bernard Shaw: «Un chisme es como una avispa. Si no puedes matarla al primer golpe, mejor no te metas con ella». Los cotillas buscan el placer de ser escuchados atentamente mientras especulan con la vida de los demás, porque la suya es demasiado triste y vacía como para poder vivirla y disfrutarla. Quien difunde un rumor suele decir

que es «de buena fuente». El que transmite el chisme jamás es neutral, siempre trata de convencer a su interlocutor para que se crea el mensaje y, a ser posible, lo difunda (aunque se maquille con muletillas del tipo «no se lo digas a nadie, ¿eh?»). Huye de este perfil como de la peste. Recuerda que, cuando no estés presente, sin duda serás tú el protagonista de sus chismes, así que no le sigas el juego. En vez de curiosear o informarte sobre la vida de otras personas, lo mejor que puedes hacer es pensar cómo puedes mejorar la tuya, y planificar tu cambio. Acuérdate de que solo tienes dos vidas. La segunda empieza cuando te das cuenta de que realmente estás viviendo la única. Como no vas a tener otra, esfuérzate por lo que quieres lograr. Sé quien quieras ser.

El entorno físico

¿Qué hace una persona como tú en un sitio como este? Rodearse de personas negativas es un camino directo a un pozo oscuro a nivel mental. Pero la cosa puede empeorar cuando lo combinamos con ir a sitios que aborrecemos. Podemos pasarnos media vida trabajando en lugares lúgubres por razones tan absurdas como unos ingresos fijos (muchas veces, además, son reducidos), o yendo en nuestros ratos de ocio a sitios que no nos gustan solo porque alguien dominante de nuestro entorno lo decide. La vida es demasiado corta como para desperdiciar tu tiempo en lugares que odias. Procura no ser tú la persona que siempre se muestra comprensiva y termina cediendo, porque eso afectará a tu autoestima. Y, por supuesto, si no te has parado a pensar qué quieres hacer con tu vida, o qué es lo que te gusta hacer, lo más probable es que termines compartiendo los planes que les gustan a otras personas (y encima no podrás culparlas). Dedica tu tiempo a conocerte, a describir qué te gusta hacer y con quién, y de esta manera siempre tendrás planes y tareas que realizar.

Si estás en un sitio que no te apetece por algún objetivo superior o importante, ¡disfrútalo! Igual tienes que visitar a un familiar mayor que siempre se queja de todo o se mete contigo, pero lo haces por otras razones distintas, como el gran amor que sientes por esa persona. Es una elección que estás haciendo por una razón importante, un pequeño sacrificio comparado con el objetivo que buscas. El problema aparece cuando te encuentras en un lugar absurdo, rodeado de gente negativa, y no sabes por qué estás ahí; esas son las situaciones que debes de cambiar.

La queja, un mal que corroe

Las investigaciones muestran que, durante una conversación normal, la mayoría de las personas se quejan una vez por minuto. Quejarse es una tentación porque hacerlo resulta satisfactorio, pero al igual que muchas otras cosas que podrían causar un placer instantáneo, como fumar o la comida basura, es malo para ti. Cuando repites un comportamiento de queja, tus neuronas crean módulos cerebrales para facilitar el flujo de información. De esta forma, creas auténticos sistemas especializados en la queja. Y, cuanto más los utilices, más proclive serás a usarlos para ahorrar energía. Quejarse continuamente reprograma tu cerebro para que dé importancia a estos módulos y te asegure futuros lamentos más a menudo. Con el tiempo, sin importar lo que ocurra a tu alrededor, te convertirás en una persona negativa.

Diversos estudios científicos demuestran que quejarse reduce el hipocampo (una de las zonas afectadas por el Alzheimer), un área del cerebro que es crítica para la resolución de problemas e ideas complejas. Además, produce una atrofia cerebral similar a la de la amnesia[90]. No solamente es malo para el cerebro. Como ya hemos visto, cuando te quejas tu cuerpo libera cortisol, la hormona relacionada con el estrés que te empuja hacia el modo de lucha y huida. El cortisol eleva la presión arterial y el nivel de glucosa, como respuesta de activación[91]. Esto afecta al sistema inmunológico y te hace propenso a padecer exceso de colesterol, diabetes, enfermedades del corazón y obesidad. Quejarte continuamente es una droga que te impulsa a seguir haciéndolo, y es malísimo para tu cerebro y tu cuerpo y, en definitiva, para toda tu persona.

90. Saykin, A. J., Wishart, H. A., Rabin, L. A., Santulli, R. B., Flashman, L. A., West, J. D., McHugh, T. L. y Mamourian, A. (2006).

91. Mommersteeg, P., Keijsers, G. P., Heijnen, C. J., Verbraak, M. J. y Van Doornen, L. J. (2006).

Como ves, existía un sexto perfil escondido de personas tóxicas, que son los quejicas. Con el agravante de que la queja es contagiosa, y hace que cada vez te quejes más. Si te encuentras con alguien que siempre tiene algo de lo que quejarse, mi consejo es que hagas como Mortadelo (el personaje de cómic) y te disfraces de semáforo o de árbol, a ver si con un poco de suerte no te ve. Si ya te ha visto, sal corriendo, huye y no te detengas. Y sobre todo… no te conviertas tú en una persona quejica.

En la vida te encontrarás con dificultades, todo el mundo las sufre. Si les das importancia resaltándolas continuamente, pones el foco y tu atención en ellas, y así se destacan más, maximizan el daño. Las únicas personas sin problemas de ningún tipo se encuentran en el cementerio municipal. Los demás tenemos que alegrarnos de tenerlos. Nuestro objetivo para superar esas adversidades debe ser desarrollar habilidades y estrategias mentales como la ilusión, la creatividad o la resiliencia, de la que hablaremos en el próximo capítulo.

Ejercicio 1 La soledad creativa

Te propongo que programes un día de esta semana para estar en soledad creativa. Será una jornada que dedicarás a estar contigo, a hacer un plan que te apetezca, a pensar en los cambios que vas a acometer en las próximas fechas, planificarlos, etc. Realiza una actividad que te permita prestar atención al entorno. Te sugiero, por ejemplo, que te tomes un café en una terraza mientras apuntas todo aquello que pase por tu mente para que no se te olvide, y para que engrose tu lista de tareas pendientes. Luego, prémiate haciendo algo que te guste, como ir al cine, pasear por algún lugar que te encante o realizar una actividad que te apasione (siempre en soledad).

Ejercicio 2 Un día sin quejarte

En la película *Di que sí* (2008), Jim Carrey es un tipo aburrido al que no le pasa nada divertido, y acepta el reto de decir que sí a cualquier propuesta que le hagan. Te propongo algo parecido. Durante un día completo NO PUEDES QUEJARTE por absolutamente nada. Si en un momento determinado no lo logras, no te fustigues. A veces estamos tan acostumbrados a quejarnos que cuesta dejar de hacerlo. Lo único que debes hacer es poner el contador a cero y volver a empezar. Tienes que estar 24 horas sin quejarte por nada. Ya verás qué bien te sienta. Programa un día sin quejarte a la semana y, poco a poco, eliminarás la queja de tu vida.

17
Neurociencia de la actitud. Resiliencia y visualización. Puedes porque crees que puedes

Triunfar de la noche a la mañana me ha llevado 25 años de mi vida.

Woody Allen

Me gustaría empezar este capítulo contándote una historia con un final feliz. Un relato de una persona que no se conformó con lo que el mundo le ofrecía, así que no tuvo más remedio que… ¡cambiarlo! Se trata de Joanne.

> Cuando era niña, solía escribir historias de fantasía que le leía con frecuencia a su hermana. Sus años de adolescencia fueron infelices. Su vida hogareña se complicó por la enfermedad de su madre, esclerosis múltiple, y por una relación tensa con su padre, con quien no se hablaba. En 1982, Joanne se presentó los exámenes de ingreso a la Universidad de Oxford, pero no fue aceptada y fue a la Universidad de Exeter. Prefería leer a Dickens y a Tolkien que hacer sus tareas universitarias. En 1990, mientras estaba en un viaje en tren de Manchester a

Londres, con cuatro horas de retraso, la idea de contar la historia de un niño que asistía a una escuela de magia «se formó por completo» en su mente. Posteriormente, un anuncio en *The Guardian* llevó a Joanne a trasladarse a Oporto (Portugal) para trabajar como profesora de inglés. Enseñaba por la noche y escribía durante el día. Después de 18 meses en esa ciudad, conoció al periodista de televisión portugués Jorge Arantes. Se casaron el 16 de octubre de 1992 y su hija, Jessica Isabel, nació el 27 de julio de 1993 en Portugal. La pareja se separó el 17 de noviembre de 1993. Los biógrafos de Joanne han sugerido que ella sufrió maltrato doméstico durante su matrimonio, aunque se desconoce el alcance, pues ella misma no ha dado muchos detalles sobre esa época de su vida.

En diciembre de 1993 Joanne se mudó con su hija a Edimburgo (Escocia), para estar cerca de su hermana. Tenía tres capítulos de lo que se convertiría en Harry Potter en su maleta. Además de un montón de bocetos sobre lo que serían futuros desenlaces que remitían a una saga de más de 3 libros. Siete años después de graduarse de la universidad, Joanne Rowling se vio a sí misma como un fracaso: su matrimonio había fallado, estaba en paro, con una hija pequeña a su cargo, y sobreviviendo a duras penas con un cheque de la seguridad social británica. Pero ella misma ha descrito ese fracaso como liberador, porque le permitió concentrarse en la escritura. Durante este período se le diagnosticó una depresión clínica e incluso consideró el suicidio como una opción. Su enfermedad inspiró a los personajes de su saga conocidos como dementores, unas criaturas que absorben la felicidad de sus víctimas.

En otro triste acontecimiento de su vida, Rowling entró en una fase de desesperación después de que su exmarido viajara a Escocia, buscándolas a ella y a su hija. Obtuvo una orden de alejamiento, y Arantes tuvo que regresar a Portugal. En 1995 terminó su manuscrito de *Harry Potter y la piedra filosofal* en una vieja máquina de escribir manual. Ante la entusiasta respuesta de Bryony Evens, un lector a quien se le había pedido que revisara los primeros tres capítulos del libro, la agencia Christopher Little Literary Agency, con sede en Fulham, aceptó representar a Rowling en su búsqueda de una editorial para publicarlo.

El libro fue enviado a doce editoriales y todas lo rechazaron debido a que el título aludía a un texto infantil (entonces se creía que los textos infantiles eran muy difíciles de vender). Un año después, finalmente, llegó la luz verde por parte del editor Barry Cunningham, de Bloomsbury, una editorial de Londres que pagó a Rowling 1.500 libras como un adelanto por los derechos de autor. A la decisión de publicar el libro contribuyó la fascinación de Alice Newton, la hija de ocho años del presidente de Bloomsbury, a quien su padre le había dado el primer capítulo para que lo leyese. Aunque acordó publicar *Harry Potter y la piedra filosofal*, Cunningham dice que aconsejó a Rowling que consiguiera un trabajo fijo, ya que tenía pocas posibilidades de ganar dinero con un libro para niños. Otra cosa que también le recomendó fue que no utilizara su nombre real, Joanne Rowling, debido a que los lectores podían ser reticentes a comprar un libro escrito por una mujer. Le sugirió que usara dos iniciales y su apellido.

En junio de 1997, Bloomsbury publicó la primera edición de *Harry Potter y la piedra filosofal* con una tirada inicial de 1.000 ejemplares, la mitad de los cuales se distribuyó en bibliotecas públicas. (Hoy en día, estas copias están valoradas en entre 16.000 y 25.000 libras cada una). Cinco meses más tarde, el libro ganó su primer reconocimiento, el premio Smarties de Nestlé, y en febrero de 1998 obtuvo dos premios más: el British Book Award como libro infantil del año y el Children's Book Award.

A principios de 1998 se llevó a cabo una subasta en los Estados Unidos para obtener los derechos de publicación de *Harry Potter y la piedra filosofal*, y Scholastic Inc. la ganó por 105.000 dólares. Rowling dijo que «casi me muero» cuando su agente la llamó para decírselo. No era la primera vez que se pagaba tanto por los derechos de un libro, pero la fama de Rowling como autora no era como para darle tanto dinero por su manuscrito. Aquello significaba que tenía muchas posibilidades de convertirse en un éxito.

El último libro de Harry Potter fue lanzado el 21 de julio de 2007, rompiendo, como en cada libro anterior, todos los récords literarios: vendió 11 millones de copias solo el primer día de lanzamiento.

Harry Potter es ahora una marca global con un valor estimado de 15.000 millones de dólares. La serie, con un total de 4.195 páginas (teniendo en cuenta las últimas ediciones de todos sus volúmenes), ha sido traducida, en su totalidad o en parte, a 65 idiomas.

Fuente: José Vicente Rojo, de tentulogo.com

Muchas de las grandes historias de éxito en el mundo presentan un relato muy parecido al anterior. Una persona no encuentra su lugar en el mundo y quiere hacer algo distinto. Eso es tildado de loco, absurdo, extraño, carente de mercado, y muchos más calificativos peyorativos por los amantes de la zona de confort. Por aquellas personas que nunca se salen de la ruta de «cómo deben ser las cosas».

La persona sigue adelante con su sueño, motivada por un impulso principalmente intrínseco. No es por lo que dirán de ella, ni por el dinero ni la fama que conseguirá. Es porque algo en su interior la impulsa a seguir adelante, a no decaer, a continuar con su proyecto, aunque luego nadie lo compre ni lo lea, ni le importe, porque lo siente VERDADERO... Finalmente, después de mucho tiempo invertido, se convierte en una experta en la materia. Su cerebro recibe continuamente el mandato de estar atenta a todos los estímulos relacionados con «lo suyo», los sistemas cerebrales se especializan hasta el límite, se rompe el umbral ok como si fuese un vaso de cristal. Y no importa cuánto se aplane la curva de aprendizaje —aunque mejorar un poco le lleve semanas de dedicación—, pues ese tiempo merece la pena porque está haciendo lo que le apasiona.

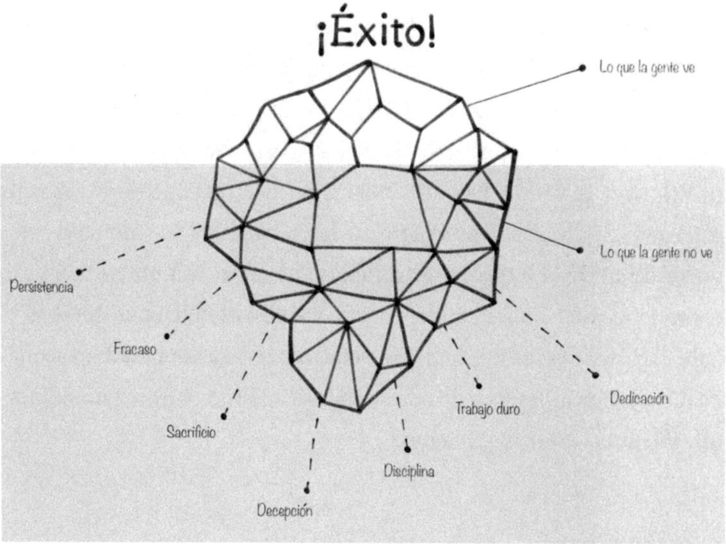

Así que, de la noche a la mañana, triunfa a lo bestia. Y este triunfo no tiene que estar relacionado obligatoriamente con la remuneración económica. Algunas actividades son valoradas por el mercado de forma más onerosa que otras. Puede presentarse de otras formas. Como por ejemplo mediante el reconocimiento de las personas que comprenden el área de conocimiento, actividad o materia a la que ha dedicado su pasión.

Es entonces cuando todo el entorno comenta «la suerte que ha tenido», o «lo bien que se lo ha montado» o, el tan manido «había nacido para eso». Ya sabemos que no es así, que el genio no nace, sino que se hace. Se consigue con miles de horas de dedicación a una disciplina, sea la que sea. Y con algo más, que es común a cualquiera de ellas: la resiliencia. La capacidad de no rendirse. La frase de Virgilio[92] («Pueden porque creen que pueden») es una verdad como un templo (romano, en este caso). Los ejemplos son innumerables. Si prestas atención, seguro que observas cada día pequeños milagros imposibles de personas normales.

Recientemente me llamó la atención el milagro de Félix Klieser, un genial músico alemán que nació hace 31 años. Félix no tiene brazos y toca la trompa con los dedos del pie. A los 4 años descubrió ese instrumento, y no ha dejado de superarse hasta convertirse en uno de los intérpretes más virtuosos. En 2014 fue galardonado con el premio ECHO Classic en la categoría de mejor artista joven, y en 2016 con el prestigioso galardón Leonard Bernstein del Festival de Música de Schleswig-Holstein. Para él, accionar las válvulas de su trompa con los dedos de su pie «no es algo tan difícil ni diferente. Se trata de practicar, como cualquier músico o deportista». Si algo te gusta, el cerebro te abre camino. Solo tienes que ordenárselo e insistir de forma apasionada. Las limitaciones y techos de cristal del umbral ok son autoimpuestos. Puedes si crees que puedes.

¿Realidad o fantasía?

Según el neurocientífico Antonio Damasio, el cerebro no distingue entre fantasía y realidad. Las imágenes que se generan pensando en lo que podríamos hacer (que él denomina memoria del futuro) son muy similares a las que tenemos almacenadas y a los estímulos que podamos estar recibiendo en el presente[93]. En los deportistas, la visualización es una herramienta fundamental. La medallista en los Juegos

92. Barbaranelli, C., Fida, R., Paciello, M. y Tramontano, C. (2018).

93. Damasio, A. (2013).

Olímpicos de Tokio 2020, Ana Peleteiro, fue entrevistada después de su gran logro, y le preguntaron qué había sentido. La respuesta fue magnífica: «Exactamente lo que había visualizado previamente. Ya había hecho ese salto en mi mente en muchas ocasiones, y experimentado lo que iba a sentir en ese momento. Visualizo la medalla en Tokio desde hace tiempo, antes de creer que podría obtenerla».

Existen fuertes evidencias científicas acerca del hecho de que visualizar y pensar en algo produce en el cerebro y el cuerpo el mismo resultado que hacerlo físicamente. Incluso a nivel muscular[94]. Imaginarse levantando pesas hace que se desarrolle la habilidad motora, pero también los músculos responsables[95]. Si te visualizas ejercitando los bíceps se incrementa tu masa muscular (en los experimentos realizados, un 10,8 % de media). El cerebro, una vez más, pone en funcionamiento todos los mecanismos necesarios para alcanzar los objetivos que le comunicamos que son importantes. Cuando visualizamos una situación, nuestro cerebro utiliza las mismas zonas que cuando realmente se produce.

94. Murphy, S., Nordin, S. y Cumming, J. (2008).

95. Yao, W. X., Ranganathan, V. K., Allexandre, D., Siemionow, V. y Yue, G. H. (2013).

Resiliencia, superando dificultades

Según la neurociencia, la resiliencia es la capacidad del cerebro para afrontar una situación adversa, superarla y salir fortalecido. Implica sistemas neuronales que proporcionan herramientas racionales y emocionales con las que superar la situación y aprender a vivir en las nuevas circunstancias.

En investigaciones recientes se ha observado que las áreas del cerebro implicadas en el afrontamiento positivo de un evento adverso incluyen módulos implicados en las relaciones con otras personas. La superación de un infortunio vital está relacionada con disponer de redes sociales de apoyo, aunque también influyen rasgos individuales positivos como la autoestima y el optimismo.

El neurobiólogo José Ramón Alonso[96] aconseja las siguientes pautas para mejorar la actitud ante las adversidades:

- Optimizar lo positivo, lo que tenemos bueno, valioso, lo que nos hace sonreír. Estar bien con nosotros mismos y con los demás. Es posible aprender a ser optimistas, tomarse las dificultades como desafíos y valorar distintos puntos de vista. Los prejuicios y creencias negativas dificultan el aprendizaje para ser más resilientes.
- Poner en marcha el efecto Pigmalión. Se consigue logrando que quien lo está pasando mal sienta nuestra compañía, respeto y comprensión. Esa persona puede comenzar a sentirse mejor simplemente por las expectativas que se depositan en ella.
- Utilizar el sentido del humor frente a sucesos desafortunados. Aunque en ocasiones sea difícil, mejoraremos nuestro bienestar.
- Distanciarse de opiniones negativas que puedan hacernos daño. Plantearlas compartiéndolas con un confidente puede ayudar a manejar mejor los sentimientos.

96. Bueno, M. y Alonso, J. R. (2020).

- Buscar soluciones diferentes, aprender nuevas vías para conseguir resultados favorables o preguntar a alguien que está o estuvo en la misma situación. Es una forma de ser proactivos y barajar distintas alternativas cuando aparecen situaciones que no nos gustan.

Cada día tenemos decenas de oportunidades para ir ensayando nuestra resiliencia. La neurociencia ya ha demostrado que la forma que tenemos de superar los pequeños obstáculos determina cómo lo harás con los grandes. Si te indignas profundamente ante cualquier minúscula circunstancia de tu vida o afrenta de tus vecinos o amistades, harás lo mismo cuando te ocurra algo de mayor importancia. Entrena cada día tu resiliencia, no permitas que contratiempos nimios modifiquen tu actitud y tu estado de ánimo. La comunicación que mantienes de forma continua contigo mismo es fundamental. Según lo que te digas, destacarás unos estímulos u otros, y llegarás a conclusiones que te ayudarán a vivir más feliz o te sumergirán en un escenario agresivo hacia tu persona, en el que siempre tienes que estar alerta y no puedes relajarte ni disfrutar.

La vida no es perfecta, pero si te centras en lo positivo, crearás una imagen de la misma mucho más amable, alegre y optimista. ¡A entrenar!

El ataque del lado oscuro

Todos tenemos un momento de debilidad en el cual sentimos que nuestras buenas intenciones de cambio se van a ir por el desagüe. ¿Cómo debes actuar cuando llega este momento? No puedes permitir que actúe la respuesta automática e inconsciente. Lo que tienes que hacer es pararte, dejar que tu mente controle tu cerebro.

Toma conciencia, no respondas de manera automática. Te sugiero el siguiente protocolo de emergencia para que lo pongas en práctica en esas situaciones y te ayude a recuperar la calma:

1. Elimina los estímulos visuales que te estén afectando, cambia el foco de tu atención. Los recursos del cerebro relacionados con la capacidad de ver (en concreto, con el córtex visual) son capaces de consumir hasta un tercio de toda tu capacidad cognitiva. Es decir, que un 33 % de tu capacidad cerebral se está quedando bloqueada por ese estímulo.
2. Levanta el pecho y endereza la espalda y la cabeza. Tu posición corporal te envía mensajes muy claros sobre tu autocapacidad. ¡Con esta postura eres capaz de comerte el mundo, de conseguir cualquier cosa! Cuando no tienes buen ánimo, seguramente andas encorvando la espalda y el cuerpo. Pero levantando tu espalda y cabeza permites que circulen bien los neurotransmisores y hormonas desde la cabeza al resto del cuerpo, y del cuerpo a la cabeza, y es más fácil aspirar aire hacia los pulmones. Así, tu cerebro recibe el oxígeno necesario para funcionar correctamente.
3. Respira profundamente siguiendo la técnica 4-2-4. Inspira 4 segundos llenando tu diafragma; aguanta la respiración durante otros 2 segundos; espira durante 4 segundos. Repite esa técnica hasta que sientas que aumentan la relajación y la tranquilidad. De esta forma vas a tomar conciencia de tu cuerpo, y a llevar oxígeno y nutrientes a tu cerebro, mientras incrementas la eliminación de toxinas. Además, obtendrás todos los beneficios de la respiración diafragmática y de la estimulación del nervio vago.

4. Si te siguen atacando pensamientos negativos, apúntalos para realizar con ellos el protocolo para eliminar emociones negativas, mediante el plan de cambio, que te permita desarrollar pensamientos mata-ANTs.

Ejercicio 1. Visualización

Esta práctica puedes hacerla tanto en posición tumbada como sentada. Las instrucciones son las mismas que utilizamos para hacer *mindfulness* o para la relajación. Si eres de las personas que se duermen con facilidad, siéntate en una silla y apoya las manos en tus piernas. Si crees que puedes estar 20 minutos en quietud y sin dormirte, puedes hacerlo en la cama.

En cualquier caso, asegúrate de que no vas a sufrir interrupciones. Apaga el móvil. Si quieres, puedes escuchar música de concentración y relajación. En internet tienes muchísimas listas gratuitas. Es importante que no tenga letra, que sea una música que creas que te va a relajar. Puedes pedirle a alguien que te lea este ejercicio mientras lo realizas. O incluso mejor: puedes grabarte leyéndolo tú al ritmo que consideres (pausado y tranquilo, por favor), y luego reproducirlo. Puedes hacerlo varias veces, hasta que des con la latencia apropiada.

> *Cierra los ojos. Nota cómo el aire de tu respiración entra y sale de tu cuerpo. Centra tu atención en tu nariz, y observa cómo el aire entra y sale de la misma. Siente cualquier pensamiento o emoción. Solo céntrate en tu respiración, sin modificar el ritmo de la misma. Si empiezas a pensar en lo que vas a hacer después, o en preparar la comida, o en la película que has visto en el cine, o en cualquier otro aspecto, repite internamente «estoy aquí, ahora» y vuelve a centrarte en la respiración, sin culpas ni reproches. Permanece inmóvil, con el foco en la respiración.*
>
> *Ahora piensa en un momento feliz que hayas experimentado recientemente. Puede ser de cualquier índole, personal,*

trabajo, pareja, amistad... Visualízate en ese lugar, sonriendo, con la paz y tranquilidad de estar disfrutando, sin preocupaciones, alegre y feliz.

Trae a tu mente una preocupación que tengas. Una fácil. Ya irás a las complejas cuando domines la técnica. Imagina que ha ocurrido un milagro que ha hecho desaparecer esa preocupación. Visualiza cómo es tu vida, ahora, sin ella. Visualiza cómo te sientes, cómo sonríes, cómo te relacionas con los demás. Te sientes más fuerte que nunca... Recréate en ese estado, mira a tu alrededor, observa las cosas que han cambiado. ¿Dónde estás? ¿Con quién? ¿Qué haces? Visualízate feliz, y conecta con esa proyección tuya, con ese yo tranquilo que ya ha eliminado el problema, que vive en armonía.

Céntrate en ese escenario, y observa tranquilamente el resto de detalles. Sigue en estado de relajación. Sin moverte. Solo observa y visualízate. Siente los detalles. Si hace frío o calor, cómo huele, si hay sonidos...

Quédate así el tiempo que consideres necesario, sintiendo todo tu cuerpo en estado de total relajación. Desconecta tus músculos. Sigue con el foco en tu respiración, en cómo entra y sale el aire y cómo sube y baja tu diafragma. Visualiza tu nuevo estado. Céntrate en tu yo en paz. Esa persona te mira, te sonríe con una radiante armonía y te dice: «Gracias».

Cuando quieras, puedes abrir los ojos e ir moviendo lentamente tu cuerpo. Apunta en un bloc o diario cómo te has visto, de qué forma has visualizado cómo estaba todo tu entorno. Esto te ayudará a resolver tu preocupación o problema. Ese escenario que te has mostrado en un entorno de paz y tranquilidad es tu solución ideal. Repite este ejercicio de forma periódica, con cada inquietud que tengas. Deja que tu propio y particular cerebro te ayude a definir tu escenario futuro ideal, donde tú quieres estar, para tomar decisiones.

No te frustres si al principio no te relajas completamente o no consigues verlo a la primera. NO TE JUZGUES y no lo dejes pasar. La persistencia es fundamental. Si lo has conseguido a la primera, ahora hay que convertirlo en automático. Sigue entrenando.

Ejercicio 2. Resiliencia

La inmensa mayoría de ejercicios de este libro trabajan la resiliencia. Ya sea de forma directa o indirecta. Pero ahora me gustaría que ejercitáramos concretamente el miedo al futuro, a lo que podría ocurrir. Son esas inquietudes que ocupan nuestro diálogo interno de forma absurda, porque de lo que te preocupa a lo que realmente termina pasando, hay una diferencia abismal. Casi toda la energía y el tiempo dedicados a estas inquietudes son un desperdicio de tu vida y de recursos que podrías estar dedicando a tareas divertidas, a esas que te aporten felicidad.

Me gustaría que pensaras en una gran preocupación que tuviste previamente en tu vida y que consumía tu energía y tu tiempo. Rellena cada uno de los siguientes aspectos:

Lo que me preocupaba era

____

____

____

____

Lo que podría pasar era

____

____

____

____

Lo que terminó pasando fue

____

____

____

____

Si haces este ejercicio usando las preocupaciones que tenías en el pasado, observarás ahora, desde la distancia temporal, que la mayoría siguen el siguiente esquema:

La idea que nos hacemos de lo que serán las cosas en el futuro casi siempre es mucho más dura y trágica que lo que termina ocurriendo. La inmensa mayoría de nuestras preocupaciones más profundas son inútiles. Aunque se produzca un determinado suceso que nos provoca miedo, siempre imaginamos unas consecuencias posteriores espantosas, y la realidad termina siendo diferente. El miedo a lo que nos pueda ocurrir es terrible, un sufrimiento desolador. Generamos escenarios e imágenes cerebrales catastrofistas, y si no cortamos este proceso, acabamos sufriendo como si ya hubiese ocurrido lo peor que podríamos imaginar.

Me gustaría que acudieras ahora al presente y pensaras, de forma objetiva y optimista (recuerda, es gratis) en una preocupación que tengas ahora, y realices la misma tarea:

Lo que me preocupa es

____

____

____

____

Lo que objetiva y positivamente podría pasar es

____

____

____

____

La siguiente respuesta no podrás completarla hasta que soluciones la preocupación o el escenario actual. Pero me gustaría que la guardaras y que, cuando pase, rellenes la última descripción.

Lo que terminó pasando fue

____

____

____

____

Si haces este ejercicio con las cosas que ahora te preocupan, observarás en el futuro que casi todo el sufrimiento era innecesario. Comienza desde ya a observar la realidad de forma objetiva y positiva. Los pensamientos negativos que te consumen recursos no son útiles. Elimina esas preocupaciones, sustituyéndolas por tareas, por acciones destinadas a acabar con ellas, como veremos en el siguiente capítulo.

18

Tu camino empieza aquí: elige tu propia aventura

No temo a quien ha practicado 10.000 patadas una vez, temo al que ha practicado una patada 10.000 veces.

BRUCE LEE

Un joven se acercó a su abuelo lleno de rabia porque habían cometido una injusticia contra él. El viejo abuelo le dijo a su nieto:

—Déjame contarte una historia. Yo también, algunas veces, he sentido un gran desprecio por aquellos que me han quitado mucho, sin tener ningún remordimiento por lo que han hecho. Pero el odio te afecta a ti y no a ellos. Odiar es como tomar un veneno y desearle a otra persona la muerte. Yo he pasado por estos sentimientos muchas veces.

»Es como si hubiera dos lobos dentro de mí; uno es bueno y no hiere a nadie. Vive en armonía con todo a su alrededor, sin ofenderse cuando no ha habido ofensas. Él solo peleará cuando sea preciso hacerlo, y además lo hará de la manera correcta. Pero el otro lobo está lleno de rabia. La situación más pequeña cambiará su temperamento. Ese lobo pelea con todo el mundo, todo el tiempo, sin ningún motivo.

No puede pensar porque su rabia y su odio son mucho más grandes. Es una rabia sin sentido, porque no produce ningún cambio. Algunas veces es duro vivir con estos dos lobos dentro de mí, porque ambos tratan de dominar mi espíritu».

El joven miró atentamente a los ojos de su abuelo y le preguntó:

—Abuelo, ¿Qué lobo ganará?

El abuelo sonrió y dijo:

—Aquel al que yo alimente.

Los dos lobos, cuento *cherokee*

En la vida siempre vamos a tener estímulos y emociones de naturaleza muy diversa. No existe nadie que no haya vivido episodios en los que se ha visto atacado por pensamientos y sentimientos negativos en cualquiera de sus versiones: ira, envidia, frustración... Pero somos libres de centrar nuestra atención en ellos y amplificarlos, o de examinarlos con las emociones positivas, también en cualquiera de sus versiones: amor, perdón, empatía, comprensión... La decisión de centrar nuestros pensamientos en las emociones positivas o en las negativas tendrá como consecuencia que vivamos una vida más o menos feliz. Y, por supuesto, debemos cambiar todo aquello que no concuerde con nuestra forma de ser y de ver el mundo, y que esté a nuestro alcance.

La importancia de tener un plan

Llegó el momento de pasar a la acción, de actuar, de cambiar. Y te preguntarás... ¿cómo? ¿Por dónde empiezo? En este proceso es muy importante que definas objetivos y planifiques tu cambio.

Una de las peores cosas que nos pueden ocurrir es que nos quedemos sin objetivos, sin saber quiénes somos y hacia dónde vamos; sin analizarnos, descubrirnos y encontrar aquello que nos empuja a levantarnos de la cama cada día.

Existen muchas formas de definir objetivos. Una de las principales se centra en su naturaleza. En 1981, G. T. Doran planteó los objetivos con el acrónimo SMART[97]. Se definen como un conjunto de metas que se establecen por medio de parámetros basados en la estructura y la trazabilidad. Ayudan a crear un plan de acción con hitos importantes bien claros y un plazo estimado para alcanzar las cotas propuestas.

97. Doran, G. T. (1981).

Los componentes de los objetivos SMART son los siguientes:

S – Específico

Debe formularse con precisión. ¿Qué es lo que realmente quieres cambiar? Debes evitar descripciones demasiado amplias y complicadas, o poco claras. En muchas ocasiones, una frase concreta debería ser suficiente para el objetivo del método SMART.

Ejemplo práctico de objetivo específico. «Quiero cambiar mi puesto de trabajo actual por uno que me permita relacionarme con más personas, que sea más humano, en el plazo máximo de un año».

M – Medible

El objetivo debe ser medible y evaluable. Solo así se podrá determinar claramente si se ha alcanzado con éxito. Crea tus propias referencias para la medición, lo que en el mundo de la empresa se conoce como KPI o indicadores de desempeño.

Ejemplo práctico de objetivo medible. «Durante este mes, cada vez que coincida con mi jefe en el ascensor me voy a comportar con absoluta tranquilidad y sin responder a ninguna provocación. Me dedicaré a responder solamente lo necesario y con datos objetivos». Puedes ir contando con tu teléfono móvil las veces que alcanzas el objetivo y las que no lo has conseguido, y medir esta circunstancia. Y, si todo falla, siempre te queda la opción de lanzarle el teléfono a la cabeza y decirle que se calle (este acto es compatible con el objetivo de cambiar de trabajo, porque seguramente no le sentará bien…).

A – Alcanzable

Los objetivos deben ser alcanzables, ya que la convicción de que eres capaz de hacerlo debe ser tu principal fuente de motivación. Es necesario que te plantees objetivos lo suficientemente ambiciosos como para que te empujen a esforzarte al máximo para conseguirlos. Sin embargo, si te planteas objetivos imposibles de conseguir, te desmotivarás y no alcanzarás ninguno, porque los meterás todos en el mismo paquete. En este sentido, te ayudará preguntarte hasta qué punto el objetivo es realista si tienes en cuenta otros aspectos, como los factores financieros o aquellos que puedan limitar el tiempo disponible. Tampoco estos aspectos deberían ser una razón para no luchar por conseguir tus sueños, o ser quien tú deseas ser. Seguro que puedes planificar el cambio y obtener gradualmente los recursos necesarios para alcanzarlo. La meta es llegar a hacerlo, aunque te pueda llevar más tiempo de lo que sería lo ideal.

Ejemplo práctico de objetivo alcanzable. Aquí cada uno debe evaluar qué es alcanzable y qué no lo es. Nos puede servir cualquiera de los anteriores. Por ejemplo, el de cambiar el puesto de trabajo actual por uno que permita relacionarse con más personas, que sea más humano, en el plazo de un año (y sin agredir a nadie con el móvil, a ser posible). En la mayoría de las veces este objetivo se podría conseguir, salvo casos muy excepcionales de trabajos muy determinados o circunstancias muy personales.

R – Relevante

Debes establecer un objetivo que tenga sentido práctico, que contribuya a que seas más feliz y que mejore tu vida y tu autoestima. Los cambios mínimos o poco importantes tendrán también una respuesta poco significativa en tu vida. Centras tus esfuerzos en aquellos aspectos que sabes que supondrán una mejora importante.

Ejemplo práctico de objetivo relevante: Ampliar mi red social, y tener un grupo de amistades en el plazo de 6 meses para poder salir a hacer lo que me gusta (sustituye «lo que me gusta» por «lo que te guste»).

T – A tiempo

El objetivo T de SMART se refiere a establecer un plazo y una fecha límite para lograr el objetivo. Si no lo pones en práctica, corres el peligro de retrasarlo indefinidamente y procrastinar en todo aquello que suponga un esfuerzo considerable.

Ejemplo práctico de objetivo acotado en el tiempo. Todos los objetivos que he descrito anteriormente están acotados en el tiempo.

Una vez que ya tienes tus objetivos definidos, pasamos a la siguiente fase, que es la planificación de lo que vas a hacer para alcanzarlos. Las etapas son las siguientes:

1. Revisión de objetivos, para asegurarnos que están bien definidos, según el sistema SMART. ¿Qué es lo que quieres conseguir? Pueden ser metas relativas a la pareja, el dinero, los amigos, el ocio, el trabajo…
2. Definir tu motivación para poder hacer los cambios que quieres lograr: escribe por qué lo quieres hacer. Debes tener siempre en mente aquello que propició la puesta en marcha del cambio. Es muy importante mantener una lista con todas aquellas razones que contribuyan a motivarte para lograr el objetivo fijado y que resulten una inspiración cuando las fuerzas flaqueen. Por

ejemplo, que vas a cambiar de pareja porque quieres estar con alguien que sienta amor y deseo por ti.

3. Divide los objetivos que te has planteado en tareas, para que tengas claro lo que vas a hacer y cómo lo vas a hacer, repitiéndolas tantas veces como sea necesario hasta que ya se ejecuten a nivel inconsciente. Si son tareas muy importantes o complicadas, lo interesante sería dividirlas en partes, por pasos, en otras más pequeñas. Quizá para alcanzar una debas hacer otras dos que «cuelguen» de ella. Planifica cuándo y cómo vas a llevar a cabo cada nueva tarea. Es importante establecer el momento del día que vas a dedicar a cumplir tus metas y objetivos, y de qué manera vas a hacerlo. Por ejemplo, si tu propósito es establecer un hábito de estudio, puedes comenzar haciendo un curso de técnicas de estudio y ejercicios de memorización, y fijar un horario de estudio de 5 horas al día, de 15:00 a 20:00 con pausas de 10 minutos cada dos horas. La planificación de las tareas debe ser de arriba a abajo. Se llama la «técnica del escalador», puesto que fueron los escaladores quienes se dieron cuenta de que llegaban más veces a la cima cuando planificaban la ruta empezando por la cúspide de la montaña, y de ahí hacia abajo. Así, las rutas eran más directas. Por tanto, empieza por el destino final y planifica hacia atrás. Si quieres acabar en dos meses, divide las tareas desde esa semana hacia la presente.
4. Determina los medios o recursos que vas a necesitar para tus tareas. Por ejemplo, el material, un espacio de trabajo o la ayuda de otras personas. Cuando te diriges hacia una meta siempre surgen en algún momento diferentes barreras que pueden dificultar el mantenimiento de la conducta, por lo que es conveniente intentar anticiparlas y pensar en posibles soluciones.
5. En vez de tratar de eliminar un hábito que consideras poco útil, reestructúralo. Sustituye lo que quieres dejar de hacer por lo que vas a hacer en su lugar. Si quieres adelgazar, lógicamente no vas a dejar de comer, sino que cambiarás algunos alimentos que

engordan por otros que no lo hacen. Si pretendes dejar de beber café porque acabas con los nervios desbocados, reemplázalo por una bebida sana a la misma hora que lo tomabas.

6. Crea anclajes. Son alertas para cada nueva tarea que deseas hacer. Esto te recordará que debes pasar a la acción con tu plan. Utiliza tu entorno físico para ayudarte a recordar que es posible hacer estos cambios que te propones. Puedes llevar un colgante para tener presente que, cada vez que estés con tus amigos, has de practicar la asertividad, o usar un anillo o una taza para cambiar los hábitos de después de comer... Mi compromiso de cambio me llevó a hacerme el año pasado dos tatuajes en los brazos. Mi familia y amigos alucinaban. No me había hecho nunca ninguno, y todos coincidían en que uno de ellos era una «macarrada» (puede que lo sea, pero a mí me encanta, y me recuerda un mensaje muy importante cada vez que lo veo). No hace falta tatuarse nada si no quieres, pero utiliza medios físicos para recordarte mensajes muy importantes, para tenerlos presentes cuando llegue el momento. Usa recordatorios y avisos. Una recomendación: déjate notas en el espejo del baño para que no olvides por la mañana que tienes que tomar fruta en ayunas o meditar durante 15 minutos. O prepara tu ropa para salir a correr, o ponte alarmas en el móvil para levantarte cada hora de tu puesto de trabajo y realizar los estiramientos que te han recomendado para tu espalda (como me pasó a mí).
7. Mide resultados y compáralos con los objetivos y tareas planificados. Revisa que el compromiso sigue vigente y comprueba que en la rutina de tu vida están presentes las acciones que te has fijado. Esto proporcionará información sobre la consolidación de los nuevos hábitos. Al principio lo tendrás muy presente, porque lo harás de forma consciente. Cuando ya los hayas asimilado mediante los módulos cerebrales inconscientes, te llevarás una grata sorpresa: habrás conseguido cambiar. Revisa tu contador

de «comidas en las que he conseguido no atiborrarme de postres dulces». ¡Observa que lo has conseguido casi siempre!

8. Persiste hasta el infinito y más allá, como dice Buzz Lightyear en la película *Toys*. Revisa semanal o mensualmente tus avances y, si es necesario, modifica alguna tarea u objetivo. Pero sigue siempre con tu actitud de cambio, con tu plan. Si en algún momento notas que te cuesta, que desfalleces, que es muy difícil, activa el plan de emergencia (4-2-4) que vimos en el capítulo anterior. Párate y piensa; trae a tu mente las motivaciones que has escrito en el punto 2 para tener presente la importancia de lo que estás haciendo. Utiliza todas las técnicas aprendidas en este libro, el plan de cambio, ejercicio, *mindfulness*…
9. Elige pequeñas recompensas que puedas concederte a medida que vas realizando tareas que te acercan a tus objetivos. El refuerzo positivo es fundamental cuando quieres instaurar un nuevo hábito, ya que aumenta tu motivación y con ella la posibilidad de mantener la conducta en el tiempo. Prémiate. Celebra a lo grande tus pequeñas victorias.

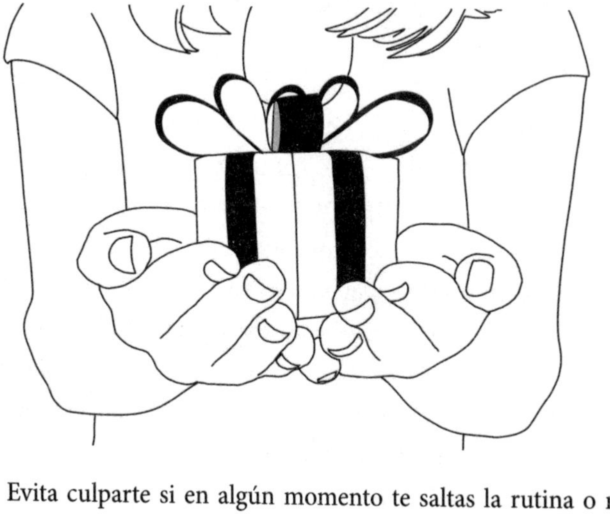

10. Evita culparte si en algún momento te saltas la rutina o no te salen las cosas como habías planeado. En estas situaciones es mejor que plantees una atribución externa, inestable y específica,

de lo que ha ocurrido. Así será más probable que no abandones tu propósito y que vuelvas a retomarlo. Por ejemplo, piensa que «hoy he tenido más dificultad para cumplir el plan porque estaba con mucho cansancio. Me ha pasado hoy, pero desde ya vuelvo a retomar la rutina, como he estado haciendo hasta ahora», y por supuesto, cumpliéndola. Mucho mejor que si piensas que «soy un fracaso» o «no tengo fuerzas para conseguirlo». Sobre todo, porque es mentira. No conseguir algo no te convierte en un fracaso y tú quieres lograrlo con todas tus ganas, así que tienes fuerzas para conseguirlo. Tu cerebro ya trabaja para que lo logres.

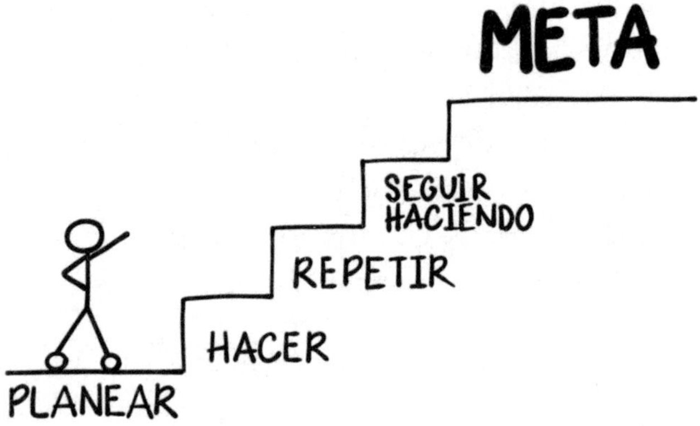

Diagrama de Ishikawa o de espina de pez

Esta es una herramienta que sirve para ayudar a planificar las distintas tareas que se necesitan acometer para lograr un objetivo determinado, así como los tiempos y recursos necesarios. Para utilizarla, debes dibujar una línea vertical con un inicio, que es la situación actual, y un final, que es el objetivo que quieres alcanzar. En esa línea irás marcando fechas para distintas tareas, y las acciones que debes realizar para cada una de ellas, así como los recursos que necesitas.

Así te harás una idea de las distintas etapas de un proyecto, de lo que necesitas para cada una y de la fecha en la que las debes haber finalizado. Por ejemplo, si para conseguir una acreditación necesitas pasar primero un examen o prueba previa, debes poner la fecha en la que lo podrás lograr, las tareas que debes hacer para presentarte (estudiar, presentar la solicitud o inscripción) y los recursos que necesitas (por ejemplo, los libros). Quizás la siguiente fase sería la realización de unas prácticas, y harías lo mismo, concretar la fecha en la que tendrás esta fase terminada, definir las tareas (por ejemplo, buscar un lugar donde las puedas llevar a cabo), y los recursos necesarios (por ejemplo, un ordenador personal). Así, para cada una de las fases hasta llegar a tu meta final: obtener la acreditación.

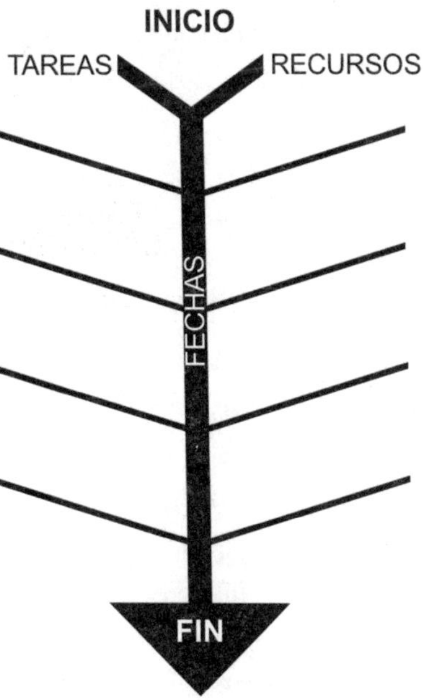

Determinismo versus libre albedrío

El determinismo es la creencia de que todos los acontecimientos o acciones actuales, incluidas las decisiones propias del comportamiento humano, vienen motivados causalmente por lo que ha pasado antes y por las fuerzas de la naturaleza. Esto significa que todo lo que ocurre está determinado de antemano y puede predecirse si se conocen los parámetros[98]. Lo opuesto al determinismo es la aleatoriedad o azar.

La capacidad de elegir del ser humano no atenta contra las leyes deterministas. Son su resultado y no podría existir sin ellas, ya que las necesita para poder funcionar. El cerebro opera en base a reacciones físicas y químicas, y además utiliza el conocimiento acerca de las leyes que describen la dinámica de los sistemas, es decir, de las «fuerzas de la naturaleza», para predecir y explicar[99]. Ahora bien, tal como hemos visto previamente, nuestro cerebro funciona sobre todo de forma inconsciente —sin que nos enteremos de lo que está haciendo— por una cuestión de funcionalidad, eficiencia y ahorro de energía. Podríamos caer en la tentación de afirmar que no tenemos libre albedrío. En otras palabras, que carecemos de la capacidad de decidir libremente lo que queremos hacer, porque nuestro inconsciente y nuestras emociones van a hacer lo que les dé la gana, y nuestro procesamiento racional solo va a servir para, como dice su nombre, racionalizar las decisiones ya tomadas.

Esto no es cierto. El cerebro tiene una gran capacidad para cambiar, y numerosos mecanismos para ayudarnos a conseguir aquello que deseamos. Además, la libertad para decidir se puede observar de las siguientes formas:

1. El cerebro tiene 0,2 segundos para tomar una decisión si utilizamos nuestra razón de forma consciente. Si nos programamos para atender conscientemente situaciones determinadas (podemos ayudarnos con anclajes), tenemos la posibilidad de modificar lo que nuestro cerebro hace de forma automática.
2. El comportamiento consciente es creado día a día por los pensamientos y conclusiones sobre las cosas que nos pasan y los

---

98. Gazzaniga, M. S. (2019).

99. Fuster, J. M. (2013).

estímulos que percibimos del exterior. Nosotros podemos elegir, mediante la elaboración consciente de argumentos y pensamientos, las normas y axiomas que van a guiar nuestra vida cuando nuestro cerebro funciona de manera inconsciente. Tenemos la capacidad de instalar en el ordenador (también llamado cerebro) el programa que queramos para tomar decisiones automáticas. Como cuando ponemos un sistema operativo (Windows o Linux o similar), que hace que arranque y funcione. Ahora mismo tenemos uno, resultado de lo que nos ha pasado, de las conclusiones que hemos sacado y de las instrucciones que le hemos dado. Pero podemos cambiarlo, modificar ese programa que funciona instintivamente, porque nuestro cerebro está creado para ello.

Cambiamos nuestro presente —lo que percibimos que es ahora nuestra vida— prestando atención a unos estímulos en vez de a otros, sacando conclusiones diferentes y actuando de forma distinta. También podemos modificar nuestro futuro. No está escrito. El determinismo depende de las variables de la naturaleza, y el pensamiento que hemos escogido para que gobierne nuestro comportamiento es una de ellas. Si quieres convertirte en otra persona más feliz, alegre, empática, exitosa o tranquila, eres libre para decidir hacerlo. Y también tienes la herramienta: tu mente, que se lo ordena a tu cerebro. Y, además, como hemos observado, podemos cambiar nuestro pasado, nuestros recuerdos, trayéndolos al presente y modificando las conclusiones de forma consciente. La nueva versión se almacenará de forma automática.

Elige tu propia aventura

Las circunstancias que te han acompañado desde que naciste te vinieron dadas, al igual que tu biología o tu familia. Pero ahora tú eres libre, puedes elegir qué hacer. La vida es como una partida de cartas. Te reparten y te tocan (que la suerte es loca) y, a partir de ahí, tú debes jugarlas.

Puedes hacer grandes cosas con unas cartas más o menos buenas, o puedes quedarte en la cama, triste y en estado de amargura, con unas cartas excelentes. Muchas personas juegan sus cartas de forma espectacular, como Félix Klieser, que toca la trompa con el pie porque nació sin brazos. O grandes deportistas que suplen la velocidad de otros con astucia. O aquellos que en las empresas se rodean de personas que controlan lo que a ellos les cuesta controlar, contratando (y en algunos casos incluso valorando) el talento.

Comenzamos esta aventura aprendiendo el lenguaje que utiliza nuestro cerebro, el alfabeto de la felicidad, según la neurociencia. Hemos visto aquello que provoca reacciones placenteras en el cerebro, a corto y a largo plazo. Ahora ha llegado el momento de que tú lo utilices para construir tu propia canción o, si lo prefieres, el himno de tu vida.

Tu cerebro es único, no existe ni existirá nunca ninguno igual en todo el mundo. Tú debes determinar qué es lo que quieres hacer con tu tiempo, con esa segunda vida que ya ha empezado. Porque ya lo sabes… solo tienes una. ¿Empezamos?

Bibliografía

Alejandro Magno, quemar las naves. Cuentos para leer en familia. Recuperado de https://www.eldiariodecatamarca.com.ar/nota03/48175-alejandro-magno-quemar-las-naves

Alfermann, D., y Stoll, O. (2000). «Effects of physical exercise on self-concept and well-being». *International Journal of Sport Psychology.*

Alonso, M. (2015). «Neuromarketing: la revolución de las emociones». Investigación y marketing. AEDEMO.

Alonso, M. (2016). «Understanding the role of emotions in the consumer Behaviour. Review of teories and models». *Journal of Business and Management*. IOSR.

Alonso M. (2017). *Hipótesis del marcador somático: Revisión de presencia en experimentos de comunicación, y áreas cerebrales relacionadas, utilizando resonancia magnética funcional por imagen (fMRI).* Marketing Trends Congress-2017.

Alonso, M. y García, G. (2018). «Perceived visual appeal of web pages. Case study in hotels Using the eye tracking technique». ESIC Market.

Alonso, M. (2021). *El poder del neuromarketing: que la fuerza te emocione. El brain data en la empresa.* Ediciones Pirámide, Madrid.

Alonso, M. (2022). *Dejar de fumar mediante neurociencia. El método Freemind.* Editorial Amazon KDP.

Amaya, K. A. y Smith, K. S. (2018). «Neurobiology of habit formation». *Current opinion in behavioral sciences*, 20, 145-152.

Amen, D. G. (2015). *Change Your Brain, Change Your Life (Revised and Expanded): The Breakthrough Program for Conquering Anxiety, Depression, Obsessiveness, Lack of Focus, Anger, and Memory Problems*. Harmony Books, Nueva York.

Arpin-Cribbie, C. A. y Cribbie, R. A. (2007). «Psychological correlates of fatigue: Examining depression, perfectionism, and automatic negative thoughts». *Personality and Individual Differences*, 43(6), 1310-1320.

Barbaranelli, C., Fida, R., Paciello, M. y Tramontano, C. (2018). «"Possunt, quia posse videntur": They can because they think they can. Development and validation of the Work Self-Efficacy scale: Evidence from two studies». *Journal of Vocational Behavior*, 106, 249-269.

Bach-y-Rita, P. (2001). «Theoretical and practical considerations in the restoration of function after stroke». *Topics in Stroke Rehabilitation*, 8(3), 1-15.

Bach-y-Rita, P. (1990). «Brain plasticity as a basis for recovery of function in humans». *Neuropsychologia*, 28(6), 547-554.

Bachrach, E. (2020). *En el limbo*. Ed. Grijalbo.

Bechara, A., Damasio, H., Tranel, D. y Damasio, A.R. (1997). «Deciding advantageously before knowing the advantageous strategy». *Science*, nº 275, pp. 1293-1295.

Bénabou, R. y Tirole, J. (2003). «Intrinsic and extrinsic motivation». *The review of economic studies*, 70(3), 489-520.

Benedetti, F. (2020). *Placebo effects*. Oxford University Press.

Birks, M. *et al.* (2007). «The benefits of salsa classes for people with depression». *Nursing Times*; 103(10), 32-33.

Blood, A. J. y Zatorre, R. J. (2001). «Intensely pleasurable responses to music correlate with activity in brain regions implicated in reward and emotion». *Proceedings of the national academy of sciences*, 98(20), 11.818-11.823.

Broadwell, M. M. (1969). «Teaching for learning (XVI)». *The Gospel Guardian*, 20(41), 1969 págs. 1-2.

Bueno, M. y Alonso, J. R (2020). *Redes de apoyo y resiliencia.* Neurociencia el blog de José Ramón.

Campos, D., Cebolla, A., Quero, S., Bretón-López, J., Botella, C., Soler, J. y Baños, R. M. (2016). «Meditation and happiness: Mindfulness and self-compassion may mediate the meditation–happiness relationship». *Personality and individual differences*, 93, págs. 80-85.

Campuzano Arribas, M. (2011). *Alejandro Magno: la excelencia desde el liderazgo*. Vision Libros, Madrid.

Cheng, Z. y Smyth, R. (2015). «Sex and happiness». *Journal of Economic Behavior & Organization*, 112, 26-32.

Chess, S. y Thomas, A. (2013). *Temperament: Theory and practice.* Routledge.

Damasio, A. (2013). *El error de Descartes. La emoción, la razón y el cerebro humano*. Editorial Crítica, Barcelona.

Davidson, R. J., Kabat-Zinn, J., Schumacher, J., Rosenkranz, M., Muller, D., Santorelli, S. F. y Sheridan, J. F. (2003). «Alterations in brain and immune function produced by mindfulness meditation». *Psychosomatic medicine*, 65(4), 564-570.

Davidson, R. J. y Schuyler, B. S. (2015). «Neuroscience of happiness». *World happiness report*, 88-105.

Dement, W. C. y Vaughan, C. (1999). *The promise of sleep: A pioneer in sleep medicine explores the vital connection between health, happiness, and a good night's sleep*. Dell Publishing Co.

Diario del triatlón. 30-1-2022. Recuperado de https://diariodeltriatlon.es/art/20554/una-liebre-se-cabrea-en-el-medio-maraton-de-sevilla-y-gana-con-una-marca-de-leyenda

Doran, G. T. (1981). «There's a SMART way to write management's goals and objectives». *Management review*, 70(11), 35-36.

Duberg, A. *et al.* (2013). «Influencing Self-rated Health Among Adolescent Girls With Dance Intervention A Randomized Controlled Trial». *Arch Pediatr Adolesc Med*, 167(1): 27-31.

Dunn, E. W., Aknin, L. B. y Norton, M. I. (2008). «Spending money on others promotes happiness». *Science*, 319(5870), 1687-1688.

Dweck, C. (2015). «Carol Dweck revisits the growth mindset». *Education Week*, 35(5), 20-24.

Eberhardt, J. L., Dasgupta, N. y Banaszynski, T. L. (2003). «Believing is seeing: The effects of racial labels and implicit beliefs on face perception». *Personality and Social Psychology Bulletin*, 29(3), 360-370.

Ekerdt, D. J. (1987). «Why the notion persists that retirement harms health». *The Gerontologist*, 27(4), 454-457.

Ekman, P. (1999). «Basic emotions». *Handbook of cognition and emotion*, 98(45-60), 16.

Entrevista a Antonio Banderas. Recuperado de https://elpais.com/icon/2021-12-31/antonio-banderas-soy-un-democrata-respeto-la-decision-de-la-mayoria-pero-estamos-siendo-gobernados-por-muchas-minorias.html

Fischhoff, B., Slovic, P. y Lichtenstein, S. (1988). *Knowing what you want: Measure labile values.* Cambridge University Press, págs. 398-421.

Finucane, M. L., Alhakami, A., Slovic, P. y Johnson, S.M. (2000). «The affect heuristic in Judgments of Risks and Benefits». *Journal of Behavioral Decision Making*, enero/marzo, 13,1, págs. 1-17.

Fuster, J. M. (2013). *The neuroscience of freedom and creativity: Our predictive brain.* Cambridge University Press.

Gage, F. H. (2002). «Neurogenesis in the adult brain». *Journal of Neuroscience*, 22(3), 612-613.

Galton, D. J. y Galton, C. J. (1998). «Francis Galton: and eugenics today». *Journal of Medical Ethics*, 24(2), 99-105.

Gazzaniga, M. S. (2019). *El instinto de la conciencia. Cómo el cerebro crea la mente.* Paidós, Barcelona.

Gladwell, M. (2017). *Outliers: the story of success.* Little, Brown.

Goldsmith, H. H., Buss, A. H., Plomin, R., Rothbart, M. K., Thomas, A., Chess, S. y McCall, R. B. (1987). «Roundtable: What is temperament? Four approaches». *Child development*, 505-529.

Goleman, D. y Davidson, R. J. (2017). *Altered traits: Science reveals how meditation changes your mind, brain, and body.* Penguin Random House, Nueva York.

Gould, D., Damarjian, N. y Greenleaf, C. (2002). «Imagery training for peak performance». In J. L. Van Raalte y B. W. Brewer (Eds.),

Exploring sport and exercise psychology (pp. 55–82). American Psychological Association.

Gunder, M. (2011). «Fake it until you make it, and then…». *Planning Theory*, 10(3), 201-212.

Harari, Y. N. (2014). *Sapiens. De animales a dioses: Una breve historia de la humanidad*, Debate, Barcelona.

Hebb, D. O. (1949). «The organization of behavior; a neuropsychological theory». *A Wiley Book in Clinical Psychology*, 62, 78.

Hilbert, M. (2012). «Toward a synthesis of cognitive biases: how noisy information processing can bias human decision making». *Psychological Bulletin*, 138(2), 211.

Hollon, S. D. y Kendall, P. C. (1980). «Cognitive self-statements in depression: Development of an automatic thoughts questionnaire». *Cognitive Therapy and Research*, 4(4), 383-395.

Holt-Lunstad, J., Smith, T. B., Baker, M., Harris, T. y Stephenson, D. (2015). «Loneliness and social isolation as risk factors for mortality: a meta-analytic review». *Perspectives on psychological science*, 10(2), 227-237.

Kabat-Zinn, J. (2003). «Mindfulness-based stress reduction (MBSR)». *Constructivism in the Human Sciences*, 8(2), 73.

Kabat-Zinn, J. (2015). «Mindfulness». *Mindfulness*, 6(6), 1481-1483.

Kahneman, D. y Deaton, A. (2010). «High income improves evaluation of life but not emotional well-being». *Proceedings of the national academy of sciences*, 107(38), 16489-16493.

Kitayama, S. y Markus, H. R. (2000). «The pursuit of happiness and the realization of sympathy: Cultural patterns of self, social relations, and well-being». *Culture and subjective well-being*, 1, 113-161.

Knutson, B., Adams, C. M., Fong, G. W. y Hommer, D. (2001). «Anticipation of increasing monetary reward selectively recruits nucleus accumbens». *Journal of Neuroscience*, 21(16), RC159-RC159.

Knutson, B., Fong, G. W., Adams, C. M., Varner, J. L. y Hommer, D. (2001). «Dissociation of reward anticipation and outcome with event-related fMRI». *Neuroreport*, 12(17), 3683-3687.

Kuchinskas, S. (2009). *The chemistry of connection: How the oxytocin response can help you find trust, intimacy, and love* New Harbinger Publications, Oakland, California.

Layous, K. y Lyubomirsky, S. (2014). «The How, Why, What, When, and Who of Happiness: Mechanisms Underlying the Success of Positive Activity Interventions» *Positive emotion: Integrating the light sides and dark sides*, Oxford University Press, págs. 473-495.

Lesté, A. y Rust, J. (1984). «Effects of dance on anxiety». Percept Mot Skills; 58(3): 767-772.

Levine, P. G. (2018). *Stronger after stroke: your roadmap to recovery.* Springer Publishing Company, Nueva York.

Levitin D. (2009). *The World in Six Songs: How the Musical Brain Created Human Nature.* Plume / Penguin Books, Nueva York.

Lewicka, M. (1997). «Is hate wiser than love?». *Decision Making*, Ranyard, R., Crozier W.R. y Svenson, O. (eds.). Routledge, Nueva York, págs. 91-106.

Libet, B. (1993). «Unconscious cerebral initiative and the role of conscious will in voluntary action». *Neurophysiology of Consciousness* (pp. 269-306). Birkhäuser, Boston, MA.

Ludwig, D. S. y Kabat-Zinn, J. (2008). «Mindfulness in medicine». *Journal of the American Medical Association*, 300(11), 1350-1352.

Ma, X., Yue, Z. Q., Gong, Z. Q., Zhang, H., Duan, N. Y., Shi, Y. T., Li, Y. F. *et al.* (2017). «The effect of diaphragmatic breathing on attention, negative affect and stress in healthy adults». *Frontiers in psychology*, 8, 874.

Mahncke, H. W., Connor, B. B., Appelman, J., Ahsanuddin, O. N., Hardy, J. L., Wood, R. A., Joyce, N. M., Boniske, T., Atkins, S. M. y Merzenich, M. M. (2006). «Memory enhancement in healthy older adults using a brain plasticity-based training program: a randomized, controlled study». *Proceedings of the National Academy of Sciences*, 103(33), 12523-12528.

Martin, R. P., Wisenbaker, J., y Huttunen, M. (1994). «Review of factor analytic studies of temperament measures based on the Thomas-Chess structural model: Implications for the Big Five». *The developing structure of temperament and personality from infancy to adulthood* (pp. 157–172). Lawrence Erlbaum Associates, Inc.

McNatt, D. B. y Judge, T. A. (2004). «Boundary conditions of the Galatea effect: A field experiment and constructive replication». *Academy of Management Journal*, 47(4), 550-565.

Mellers B., Schwartz A. y Cooke A. (1998). «Judment and decision making». *Annu. Rev. Psicol.* 49: pp. 447-477.

Melzack, R. y Wall, P. D. (1965). «Pain mechanisms: a new theory». *Science*, 150(3699), 971-979.

Merzenich, M. M. (2006). «Memory enhancement in healthy older adults using a brain plasticity-based training program: a randomized, controlled study». *Proceedings of the National Academy of Sciences*, 103(33), 12523-12528.

Mommersteeg, P., Keijsers, G. P., Heijnen, C. J., Verbraak, M. J. y Van Doornen, L. J. (2006). «Cortisol deviations in people with burnout before and after psychotherapy: a pilot study». *Health Psychology*, 25(2), 243.

Mujcic, R. y J. Oswald, A. (2016). «Evolution of well-being and happiness after increases in consumption of fruit and vegetables». *American Journal of Public Health*, 106(8), 1504-1510.

Murphy, S., Nordin, S. y Cumming, J. (2008). *Imagery in sport, exercise, and dance.*

Murphy, S. M. y Jowdy, D. P. (1992). «Imagery and mental practice». *Advances in sport psychology*, 221-250.

Nardone, G. (2004). *Psicosoluciones*. Herder Editorial, Barcelona.

Nelson S.A (2018). *Meteorites, Impacts, and Mass Extinction*. Tulane University, Luisiana.

Paul, D. B. (2003). «Darwin, social Darwinism and eugenics». *The Cambridge Companion to Darwin*, 214(10.1017), Cambridge University Press, Cambridge.

Price, D. D., Verne, G. N. y Schwartz, J. M. (2006). «Plasticity in brain processing and modulation of pain». *Progress in Brain Research*, 157, 333-405.

Prochaska, J. O. y DiClemente, C. C. (1983). «Stages and processes of self-change of smoking: toward an integrative model of change». *Journal of consulting and clinical psychology*, 51(3), 390.

Ranganathan, V. K., Siemionow, V., Liu, J. Z., Sahgal, V. y Yue, G. H. (2004). «From mental power to muscle power—gaining strength by using the mind», *Neuropsychologia*, 42(7), 944-956.

Robbins, M. (2017). *The 5 second rule: Transform your life, work, and confidence with everyday courage*. Simon & Schuster, Nueva York.

Robbins, T. (2008). *Unlimited power: The new science of personal achievement*. Simon & Schuster, Nueva York.

Roscoe, R. D. y Chi, M. T. (2007). «Understanding tutor learning: Knowledge-building and knowledge-telling in peer tutors' explanations and questions». *Review of educational research*, 77(4), 534-574.

Rosenthal, R. y Jacobson, L. (1968). «Pygmalion in the classroom». *The urban review*, 3(1), 16-20.

Rosenthal, R. (1973). «The Pygmalion Effect Lives». *Psychology Today*, 7(4), 56-60, 62-63.

Rowland, L. y Curry, O. S. (2019). «A range of kindness activities boost happiness». *The Journal of social psychology*, 159(3), 340-343.

Salimpoor V., Benovoy, M., Larcher, K., Dagher, A. y Zatorre, R. (2011). «Anatomically distinct dopamine release during anticipation and experience of peak emotion to music». *Nature Neuroscience*, 14, 257-262.

Saykin, A. J., Wishart, H. A., Rabin, L. A., Santulli, R. B., Flashman, L. A., West, J. D., McHugh, T. L. y Mamourian, A. (2006). «Older adults with cognitive complaints show brain atrophy similar to that of amnestic MCI». *Neurology*, 67(5), 834-842.

Schwartz, J. M. y Begley, S. (2009). *The mind and the brain*. Springer Science & Business Media, Nueva York.

Seligman, M. E. (2012). *Flourish: A visionary new understanding of happiness and well-being*. Simon & Schuster, Nueva York.

Shadlen, M. N., Kiani, R., Newsome, W. T., Gold, J. I., Wolpert, D. M., Zylberberg, A. *et al.* (2016). «Comment on "Single-trial spike trains in parietal cortex reveal discrete steps during decision-making"». *Science*, 351(6280), 1406-1406.

Shadlen, M. N. y Newsome, W. T. (2001). «Neural basis of a perceptual decision in the parietal cortex (area LIP) of the rhesus monkey». *Journal of Neurophysiology*, 86(4), 1916-1936.

Sharpley, C. F. (1984). «Predicate matching in NLP: A review of research on the preferred representational system». *Journal of Counseling Psychology*, 31(2), 238.

Short, S. E., Tenute, A.y Feltz, D. L. (2005). «Imagery use in sport: Mediational effects for efficacy». *Journal of Sports Sciences*, 23(9), 951-960.

Sigman, M. (2017). *The secret life of the mind: how your brain thinks, feels, and decides*. Hachette Book Group, Nueva York.

Simón M. (1997). «La participación emocional en la toma de decisiones». *Psicotheme*, vol 9, nº 2, págs. 365-376.

Singer, W. (2009). «The brain, a complex self-organizing system». *European Review*, 17(2), 321-329.

Smith, T. W. (2015). *The book of human emotions: An encyclopedia of feeling from anger to wanderlust*. Profile Books.

Squire, L. R. (1992). «Declarative and nondeclarative memory: Multiple brain systems supporting learning and memory». *Journal of Cognitive Neuroscience*, 4(3), 232-243.

Stamateas, B. (2014). *Gente tóxica: Cómo identificar y tratar a las personas que te complican la vida para relacionarse plenamente*. B DE BOOKS.

Striedter, G. F. (2005). *Principles of brain evolution*. Sinauer associates.

Tang, Y. Y., Hölzel, B. K. y Posner, M. I. (2015). «The neuroscience of mindfulness meditation». *Nature Reviews Neuroscience*, 16(4), 213-225.

Tennant, K. F. (1990). «Laugh it off: The effect of humor on the well-being of the older adult». *Journal of Gerontological Nursing*, 16(12), 11-17.

Tullett, A. M. y Plaks, J. E. (2016). «Testing the link between empathy and lay theories of happiness». *Personality and Social Psychology Bulletin*, 42(11), 1505-1521.

Vaillant, G. E. (2008). *Aging well: Surprising guideposts to a happier life from the landmark study of adult development*. Hachette UK.

Van Valen, L. (1973). «A new evolutionary law». *Evol. Theory.* vol. 1; no 1; pp. 1-30.

Veenhoven, R. (2013). *Conditions of happiness*. Springer Science & Business Media.

Viamontes, G. I., y Beitman, B. D. (2006). «Neural substrates of psychotherapeutic change part I: The default brain». *Psychiatric Annals*, 36(4).

Wallace, L. (2015). «What is the role of physiological coherence and epigenetics in the etiology of dental caries?». *Journal of the International Clinical Dental Research Organization*, 7(2), 162.

Watkins, P. C., Woodward, K., Stone, T. y Kolts, R. L. (2003). «Gratitude and happiness: Development of a measure of gratitude, and relationships with subjective well-being». *Social Behavior and Personality: an international journal*, 31(5), 431-451.

Wedeen, V. J., Rosene, D. L., Wang, R., Dai, G., Mortazavi, F., Hagmann, P., *et al.* (2012). «The geometric structure of the brain fiber pathways». *Science*, 335(6076), 1628-1634.

Wegner, D. M. (1994). «Ironic processes of mental control». *Psychological review*, 101(1), 34.

Weinberg, M. K. y Joseph, D. (2017). «If you're happy and you know it: Music engagement and subjective wellbeing». Psychology of Music, 45(2), 257-267.

White, A. y Hardy, L. (1995). «Use of different imagery perspectives on the learning and performance of different motor skills». *British journal of Psychology*, 86(2), 169-180.

Yao, W. X., Ranganathan, V. K., Allexandre, D., Siemionow, V., y Yue, G. H. (2013). «Kinesthetic imagery training of forceful muscle contractions increases brain signal and muscle strength». *Frontiers in human neuroscience*, 7, 561.

Yik, M. S., Russell, J. A. y Barrett, L. F. (1999). «Structure of self-reported current affect: Integration and beyond». *Journal of Personality and Social Psychology*, 77(3), 600.

Yin, H. H. y Knowlton, B. J. (2006). «The role of the basal ganglia in habit formation». *Nature Reviews Neuroscience*, 7(6), 464-476.

Zaccagnini, J. (2010). «Amistad y bienestar psicológico: el papel de los "amigos c" ». *Encuentros en psicología social*, 5(1), 63-72, Universidad de Málaga.

Zaltman, G. (2003). *How customers think: Essential Insights into the Mind of the Market*. Harvard Business Press, Boston.

Zelinski, E. J. (2003). *The Joy of Not Working: A Book for the Retired, Unemployed and Overworked*. Springer Science + Business Media, Nueva York.

Zuazo, A. y González J. (2022). *¡Practica la comunicación salud-hable! Estrategias de comunicación para profesionales sanitarios*. Editorial Hilos de Emociones, Sevilla.